Panel

1 Connects to power board

2. Connects to choke power board

small choke

small choke

150 W

small choke outside special trans

W

A 250

5000 W

5000 W

5 mils

20 V

chokes

V

2 mf

2 mf

100 W

②

50 W

→ Variable tap

2 00

Simple

A 7

(3" tube)

Le Magicien de la radio

Gordon

All best wishes from the
Rogers to the Sedgwicks

Ted R

Le Magicien de la radio

EDWARD SAMUEL ROGERS

et la révolution des communications

Ian A. Anthony

Gage Educational Publishing Company pour

ROGERS

Les photographies et les illustrations ont été reproduites avec l'aimable permission de la famille Rogers. La photographie de la page 64 a été gracieusement fournie par la Toronto Harbour Commission.

DONNÉES DE CATALOGAGE AVANT PUBLICATION (CANADA)

Anthony, Ian
   Le Magicien de la radio : Edward Samuel Rogers et la révolution des communications

Traduction de : *Radio Wizard*
Comprend des réf. bibliogr. et un index.
ISBN 0~7715-8051-7

1. Rogers, Edward Samuel, 1900-1939. 2. Radio - Canada - Biographies. 3. Inventeurs - Canada - Biographies. I. Rogers Telecommunications Limited. II. Titre.

TK6545.R63A5714 2000	621.384'092	C00-931860-7

L'édition originale de cet ouvrage a paru en anglais sous le titre :
Radio Wizard : Edward Samuel Rogers and the Revolution of Communications

Éditeur : Gage Educational Publishing Company
164, Commander Blvd, Scarborough, Ontario, M1S 3C7

Services éditoriaux : Denise Schon Books Inc.
Design : Counterpunch/Linda Gustafson
Photographie en toile de fond de la couverture :
première régie de la station CFRB.

Traduction : Ginette Hubert et Lucie Legault
Traductions Jean-Guy Robert enr., Sherbrooke
Mise en pages : Ateliers de typographie Collette inc.

ISBN 0-7715-8051-7

Dépôt légal 2000
Bibliothèque nationale du Canada

Imprimé et relié au Canada par Friesens

Le tube expérimental 15S de Rogers, le premier tube à courant alternatif au monde, créé en 1925.

Crois en tes rêves. Accepte les défis. Donne toujours le meilleur de toi-même et cherche à bien faire. Le succès sera ta récompense.

TABLE DES MATIÈRES

Préface

J'ai perdu mon père à l'âge de 5 ans. Sa mémoire, fidèlement entretenue par ma mère, Velma Taylor Rogers, a été pour moi une source d'inspiration inouïe. Sa découverte du tube à courant alternatif et de son application en radiodiffusion moderne a suscité chez moi un intérêt pour le secteur des télécommunications qui ne s'est jamais démenti. Mon père était un inventeur doublé d'un créateur d'entreprise. Il était également fier d'être canadien. Il a créé sa première entreprise au Canada et, même pendant les périodes les plus difficiles sur le plan économique, il est resté fidèle à son pays.

Comme ma mère avant moi, j'ai toujours été fier et honoré de pouvoir garder vivant le souvenir de mon père et de ses réalisations. J'ai transmis cet héritage aux enfants de Loretta et les miens, Lisa, Edward, Melinda et Martha avec l'espoir qu'à leur tour, ils le transmettront à leurs enfants.

Ce livre, à sa façon, participe à cet effort de conservation de la mémoire.

Edward S. Rogers
Juin 2000

Ted Rogers en 1930.

Une étoile monte

au firmament

Le miracle de la communication électrique. Que la pensée soit
acheminée au rythme du crépitement erratique du télégraphe ou
à la vitesse fulgurante du courrier électronique, sa transmission
sur ondes est un prodige incroyable. Prendre un message, lui
donner une forme nouvelle, relayer les signaux, les décoder au
point d'arrivée et redonner au message sa forme initiale pour le
destinataire : ce processus, à la réflexion, est assez étonnant. Sous
l'effet des interactions qu'il entraîne et qui, chaque jour, se sol-
dent par un nouveau progrès pour la société, notre vaste planète
n'est plus guère qu'un «village global».

Les communications modernes, qui font pour nous partie de
la vie courante, ont leurs origines dans les extravagants laboratoires de visionnaires résolus. Confinés à des locaux exigus,
encombrés et insolites qui, souvent, ont un certain charme,
des hommes étudient les faits, osent rêver et cherchent à faire
progresser les choses. À de tels hommes, la science la plus
pure révèle sa magie. Souvent, trop heureux que les choses
restent comme elles sont, d'autres hommes, à l'esprit étroit et

conservateur ceux-là, s'empressent de rejeter leurs travaux du revers de la main.

Le télégraphe, le téléphone, la radio, la télévision, les appareils d'enregistrement, les satellites et Internet doivent tous leur existence au besoin fondamental de parler et d'être toujours mieux entendu. Dans les années qui suivent l'invention d'une nouvelle technologie, il se présente toujours une personne ou une équipe qui cherche à l'améliorer pour le plus grand profit de tous. La quête de ces inventeurs et de leurs successeurs, les épreuves qu'ils traversent, l'opposition qu'ils rencontrent, les entreprises difficiles dans lesquelles ils s'embarquent et leurs réalisations sont des matériaux à partir desquels se construisent les légendes et s'écrit l'histoire.

Edward Samuel Rogers père peut à juste titre figurer au panthéon des héros des communications. Ce jeune Canadien animé d'un vif sentiment patriotique possédait une combinaison unique de qualités diverses : esprit vif, persévérance, ambition, invention, clairvoyance, esprit d'initiative et sens du marketing. Ces qualités lui ont permis de faire entendre sa voix parmi les premiers balbutiements d'une industrie de la radio excitante, technologique et en pleine effervescence, et de passer de l'enfance à l'âge adulte au rythme de ses progrès. Faisant preuve d'audace, il poursuivit sur sa lancée et révolutionna la radiotechnique en inventant un tube d'alimentation unique et exceptionnel. Poussant plus loin son invention, il fabriqua des appareils récepteurs perfectionnés grâce auxquels le Canada est devenu un leader international en radiotechnique. Rogers fonda ensuite une station de radiodiffusion de pointe qui diffusait avec une clarté jusqu'alors inégalée. Ce faisant, il a dévoilé à ses contemporains l'avenir des communications et lié pour toujours son nom à la radio. Il a laissé une marque indélébile sur sa société, sa ville, sa nation et le monde. Le récit de la vie de ce magicien de la radio est rempli de passion et de succès, mais il a commencé par une lueur d'intérêt, une étincelle et un regard vers le ciel…

LE MAGICIEN DE LA RADIO

Réunion de famille avec Mary Rogers (à gauche) et ses enfants Elsworth, Ted et Katherine (en bas à droite), vers 1907.

Un enfant de la radio

Edward Samuel Rogers, troisième enfant et plus jeune fils d'Albert Stephen Rogers et de son épouse Mary, est né le premier jour de l'été 1900. Celui que la famille et les amis allaient plus tard surnommer « Ted » avait une sœur, Katherine Mary, et un frère, J. Elsworth. Il avait un visage de chérubin, d'épaisses boucles brunes et de grands yeux d'un bleu éclatant. Son père, un homme élancé et réfléchi portant une fine moustache, était vice-président et directeur général de la Queen City Oil Company. La jeune famille vivait au 88, avenue Hazelton, dans un secteur qui est aujourd'hui Yorkville, un quartier très en vogue de Toronto. Les Rogers étaient des gens religieux qui faisaient partie de la Société religieuse des amis, groupe mieux connu sous le nom de « quakers ».

Edward Samuel était le plus jeune membre d'une prestigieuse famille. Les Rogers s'étaient installés au Canada un siècle auparavant. Le premier de la famille à s'y établir, Timothy Rogers fils, était arrivé seul dans le Haut-Canada au printemps 1800, à l'âge de 34 ans, au terme d'un voyage de reconnaissance. Grand et bien bâti, cet homme originaire de Lyme dans le comté de New London au Connecticut, était le fils de Timothy Rogers père et de Mercy Mary Huntley. Il descendait en droite ligne de James Rogers, parti d'Essex en Angleterre en 1635 à destination du Connecticut alors qu'il n'avait que 20 ans. À sa mort, ce James Rogers était l'homme le plus riche de la colonie de New London. Ses avoirs dépassaient même ceux du gouverneur colonial, son ami John Winthrop fils. Au moment de sa venue au Canada, Timothy était spéculateur foncier et installateur de machinerie de moulins. Arrivé à York, il monta vers le nord, traversa le canton de Whitchurch, déboucha sur de vastes forêts inhabitées et vit quelque chose qui lui plut : du potentiel. Il obtint rapidement de lord Simcoe une concession de plus de 3000 hectares de terre sur la rue Yonge, entre Aurora et Holland Landing. Il retourna chez lui à Danby, au Vermont, et tenta de gagner sa femme Sarah à son idée. Au début, celle-ci se montra peu intéressée à quitter une ville établie pour les régions sauvages du Canada. Cependant, Timothy nota par la suite dans son journal : « Environ trois semaines plus tard, nous nous sommes mis d'accord et ma femme se montra disposée à déménager. » Partis en février 1801, Timothy et 12 autres familles de quakers de la Nouvelle-Angleterre arrivèrent au début d'avril à l'endroit où ils allaient habiter. Timothy Rogers était la première personne d'ascendance européenne à s'installer dans la région. Il prit le lot 95 de la 1re concession, du côté est de la rue Yonge. L'année suivante, il se fit concéder 400 hectares de terre supplémentaires et fit venir 40 autres quakers. La communauté qu'il avait fondée s'appelait désormais Newmarket parce qu'elle était, à l'extérieur de York, un nouveau lieu de commerce entre les derniers arrivants et les populations autochtones.

En décembre 1804, Timothy faisait parvenir une lettre au gouvernement :

> Moi, Timothy Rogers, déclare par les présentes que les améliorations suivantes ont été faites sur les lots ci-après mentionnés – lot 95, du côté est de la rue Yonge – une superficie d'environ 40 acres déboisée – avec maison d'habitation et autres bâtiments

lot 35 – une superficie d'environ 10 acres déboisée – avec maison d'habitation et autres bâtiments.

[signé]
Timothy Rogers

Le lieutenant-gouverneur Peter Hunter convint que Timothy avait satisfait aux exigences de sa concession et lui accorda la propriété des terres.

Timothy Rogers a propagé le quakerisme au Haut-Canada, notamment en faisant construire le temple de la rue Yonge peu après son arrivée. En 1807, en effet, il fit don de un hectare dans la partie nord de Toronto, à la jonction de la rue Yonge et du chemin Clear-meadow, pour la construction d'un temple qui fut ouvert au culte en 1812. Ce fut la première église érigée dans ce secteur de la ville et, au siècle suivant, en 1958, elle fut l'un des premiers sites à être doté d'une plaque historique provinciale. Toujours en 1807, l'ambitieux Timothy repartait de nouveau et achetait un moulin à Dufferin's Creek, à l'est de York, sur les rives du lac Ontario. Trois ans plus tard, il y avait fondé le village de Pickering.

Timothy, patriarche de la famille Rogers dans le Haut-Canada, engendra une quinzaine d'enfants au cours de sa vie. Un de ses arrière-petits-fils, Samuel Rogers, fut l'un des premiers de la famille à s'établir à Toronto. Comme son aïeul, il était grand et solidement bâti, sauf que lui portait une barbe bien fournie. On dit aussi qu'il avait toujours un œillet à la boutonnière. En 1881, Samuel fonda une entreprise de distribution de pétrole, la Samuel Rogers and Company. Celle-ci fut, dit-on, la première entreprise du genre à utiliser des wagons-citernes pour le transport du pétrole jusqu'à Toronto. Cette entreprise fusionna avec plusieurs autres en 1896 pour former la Queen City Oil Company, société dont Samuel fut nommé président. La Queen City Oil devint plus tard la filiale torontoise de l'Imperial Oil Company.

Dans les années 1870, Samuel et son frère Elias Rogers fils contribuèrent à la fondation d'une section de la Société religieuse des amis à Toronto ainsi qu'à la construction d'un temple sur la rue Berkeley et, plus tard, d'un autre sur la rue Carlton. En 1890, Samuel joua un rôle décisif dans la réunification de la Société religieuse des amis, une scission survenue en 1833 ayant divisé la communauté quaker de Newmarket et entraîné la fermeture du collège de Pickering. L'école fut rouverte en 1892, en grande partie grâce aux efforts de Samuel et aux collectes qu'il organisa. Un don qu'il fit au collège en 1889 permit l'aménagement d'un vaste gymnase qui a existé jusqu'en 1987.

En 1888, Samuel entra au conseil d'administration de l'Hospital for Sick Children de Toronto et y resta jusqu'à la fin de sa vie. Au mois de septembre de l'année suivante, on entreprenait les travaux de construction d'un nouvel hôpital plus spacieux, dont les cofondateurs étaient Samuel Rogers et John Ross Robertson. En mai 1892, l'hôpital quittait l'édifice de 11 chambres qu'il occupait depuis sa fondation pour emménager au 67, rue College, à l'ouest de la rue Bay, dans un nouvel immeuble comptant 3 étages et 320 lits. Le Victoria Hospital for Sick Children était le premier hôpital au Canada consacré exclusivement aux soins pédiatriques. Au cours des années qui suivirent, il fut doté du matériel le plus perfectionné de l'époque, incluant des appareils de radiographie. C'est également dans ses locaux que fut installé le premier laboratoire de pasteurisation du lait au pays. En 1930, le Nutritional Research Laboratory inventait le Pablum, une préparation de céréales enrichies d'un supplément nutritionnel vitaminé qui a sauvé la vie à des milliers de nourrissons. Le rôle de Samuel Rogers était tellement crucial pour l'établissement qu'on y a conservé pendant des années son portrait accroché à la place d'honneur. En novembre 1993, le Toronto Historical Board dotait l'hôpital de la rue College d'une plaque commémorative.

Marchant sur les traces de son père, Albert Stephen Rogers devint vice-président de l'entreprise familiale. Après l'incendie qui rasa le collège de Pickering en décembre 1905, Albert, qui avait également hérité du grand esprit civique de son père, prit rapidement les choses en main et acheta une terre agricole en friche à Newmarket. Dès octobre 1908, les travaux de construction du nouveau collège de Pickering débutaient et en septembre 1909, Rogers House, le principal édifice du collège qui abritait des classes, des bureaux administratifs et des résidences, était inauguré. Cet édifice avait pu être construit en grande partie grâce à l'aide financière personnelle d'Albert Rogers ; des portraits de son père, Samuel, et de sa mère, Sarah Pearson Rogers, furent installés dans l'entrée principale. Albert donna à son plus jeune fils le deuxième nom de Samuel, en l'honneur de son père.

La naissance de Ted Rogers pendant le premier été du nouveau siècle correspondit à un moment charnière de l'évolution de la radio. On assistait à de nouveaux progrès presque chaque jour, aurait-on dit, au point que seuls les plus fervents amateurs arrivaient à suivre l'évolution de cette science nouvelle et passionnante. Les prodigieuses merveilles dont parlaient les ouvrages de science-fiction semblaient à portée de main. La nouvelle invention marquerait le début d'une ère d'abondance et de perspectives nouvelles. Elle promettait également d'être une science pratique qui allait donner naissance, presque du jour au lendemain, à une florissante industrie.

La radio était un moyen de communication dont le fonctionnement dépendait exclusivement d'une source d'énergie artificielle. Sans une forme ou une autre d'alimentation électrique, le syntoniseur de l'appareil restait inerte et le haut-parleur, muet ; aucune note de musique ni aucun commentaire n'en sortait. Pour comprendre le principe de la communication radio, il faut connaître certains rudiments d'électricité et savoir comment la science qui s'y rattache s'est développée.

L'électricité est, par définition, la forme d'énergie associée aux charges électriques produites par le mouvement des électrons. C'est parce que des savants formés dans les autres disciplines de la science ont réussi à adapter leurs connaissances à ce nouveau domaine que nous avons pu, à l'échelle planétaire, produire, domestiquer, utiliser et maîtriser cette forme d'énergie pour le plus grand bien de tous. La première analyse scientifique moderne de l'électricité et de ses propriétés est le fait d'un médecin anglais, William Gilbert, qui s'est livré, dès 1583, à de nombreuses expériences et a proposé le mot

« électrique » pour décrire la force énergétique entre deux objets chargés par frottement.

Le physicien allemand Otto von Guericke fit faire un grand pas à la science en 1672 quand il inventa une machine qui pouvait produire de l'électricité au moyen d'une sphère de soufre que l'on faisait tourner à la manivelle – le frottement d'une main sur la sphère induisait une charge électrique. En 1725, le physicien anglais Stephen Gray découvrit qu'un brin de chanvre pouvait acheminer le courant électrique, ce qui signifiait que l'énergie électrique pouvait être transférée d'un point à un autre. Sept ans plus tard, le chimiste français Charles François de Cisternay Du Fay fit une observation importante qui permit de distinguer charges positives et charges négatives. En 1745, le physicien hollandais Petrus van Musschenbroek mit au point à l'Université de Leyde le premier condensateur, c'est-à-dire un dispositif servant à emmagasiner une charge électrique. La bouteille de Leyde était une bouteille de verre à col étroit qui contenait de l'eau. Elle était partiellement recouverte d'une feuille de papier métallique conducteur et surmontée d'une tige de fil métallique entourée de liège. On reliait le fil à une source d'électricité puis on coupait le contact. On découvrait alors qu'un puissant choc électrique se produisait lorsque le fil entrait en contact avec un autre élément conducteur.

Puis, en 1800, un électrochimiste du nom d'Alessandro Volta démontra que la mise en contact de deux métaux dissemblables pouvait produire de l'électricité. Pour ce faire, il empila des disques de cuivre et de zinc séparés par du carton imbibé d'eau salée. S'il touchait les disques du dessus et du dessous en même temps, il ressentait un léger choc électrique. Sa pile voltaïque prouva qu'on peut convertir l'énergie chimique en électricité dynamique, que les matières non organiques peuvent acheminer l'électricité et qu'un courant électrique continu peut être produit par une pile. Il venait d'inventer la première version de la pile électrique sèche. L'unité de mesure de la force électromotrice a été appelée « volt » en son honneur.

Les expériences menées en 1819 par le physicien et chimiste danois Hans Christian Oersted lui permirent de découvrir qu'une aiguille aimantée était déviée à angle droit vers un fil traversé par un courant électrique. C'est ainsi qu'on s'aperçut que l'électricité avait des propriétés magnétiques, ce qui donna naissance au concept d'électromagnétisme. Poussant plus loin cette découverte, le physicien et chimiste anglais Michael Faraday fut en mesure, deux ans plus tard, de relever le champ magnétique produit autour d'un conducteur traversé par un courant électrique. Après dix autres années d'expérimentation, il inventa un anneau d'induction et découvrit l'induction électromagnétique, soit le fait que le courant électromagnétique circulant dans un fil peut induire un second courant électrique dans un fil voisin. L'anneau d'induction de Faraday fut en réalité le premier transformateur. Faraday découvrit plus tard un principe inverse, l'induction magnétoélectrique, qui produisait un courant électrique continu.

En 1883, Nikola Tesla, inventeur et ingénieur électricien serbe émigré aux États-Unis, conçut le premier moteur à induction opérationnel. À partir de l'énergie mécanique produite par la rotation d'une pièce de fer entre deux bobines de fil métallique stationnaires, ce moteur produisait de l'énergie électrique et un champ magnétique rotatif. Le courant ainsi induit changeait de sens pendant la rotation du rotor. Le «courant alternatif» venait d'être inventé et il allait, plus tard, être adopté par les compagnies d'électricité pour la distribution du courant. En 1899, Tesla découvrit également les «ondes stationnaires» et il démontra que la terre elle-même pouvait servir de conducteur et qu'elle réagirait si on la soumettait à des vibrations électriques d'une certaine fréquence.

Thomas Alva Edison est un nom synonyme d'invention. Le «magicien de Menlo Park» a conçu une foule d'articles courants aussi importants que le phonographe, le relais télégraphique automatique, le télégraphe quadruplex permettant de transmettre simultanément quatre messages, le microphone à cartouche de carbone, le miméographe et le kinétoscope – la première machine à projeter des films. Cependant, sur le plan de l'utilité, son invention la plus importante fut la première ampoule électrique à incandescence commercialisable, mise au point en 1889. Cette nouvelle source d'éclairage artificiel connut immédiatement un immense succès, car elle permettait d'éclairer les maisons et les rues beaucoup plus efficacement que les lampes au gaz. Elle était en outre plus sécuritaire et elle constituait un luxe inouï pour l'époque. Edison continua d'améliorer son ampoule et mit au point des réseaux complets de distribution électrique à courant continu, comprenant boîtes de jonction, génératrices, douilles, fusibles de sûreté et conducteurs. Il présida, en 1882, à la conception et à l'aménagement de la première centrale électrique permanente au monde, située rue Pearl à New York.

Ainsi, après quelque trois siècles d'expérimentation soutenue et passionnée, la communauté scientifique avait en grande partie maîtrisé un élément intangible qui, jusque-là, avait semblé être l'apanage des dieux de l'Olympe. On avait inventé, étudié et amélioré un moyen pour transmettre l'électricité (fil), une méthode pour capter et libérer l'énergie électrique (condensateur) et la stocker (batterie), un inducteur de puissance (transformateur) et un moyen mécanique de produire l'électricité (moteur à induction à courant alternatif). L'électricité faisait désormais partie de l'ordre des choses et ce qui pouvait être «alimenté» se retrouvait dans bien des cas, câblé.

Cependant, tout n'avait pas été découvert, loin de là, car l'électricité n'était pas confinée à la terre. Dans des travaux connexes, l'éminent inventeur américain Benjamin Franklin mena dès 1746 de nombreuses expériences. Et en juin 1752, il effectua sa célèbre expérience au cerf-volant qui lui permit de déterminer que l'éclair pouvait passer à travers le métal. Après avoir attaché une petite clé à une corde, il fit délibérément voler un cerf-volant pendant un orage. Lorsqu'un éclair frappa le cerf-volant et électrifia la clé, Franklin prouva qu'il s'agissait, de fait, d'une forme d'électricité atmosphérique, d'un courant d'air électrifié de la même nature que les charges électrostatiques de la bouteille de Leyde.

Poursuivant les travaux de Oersted et de Faraday sur les champs électromagnétiques, le physicien et mathématicien James Clerk Maxwell établit, en 1867, la relation mathématique liant les ondes électromagnétiques et les champs lumineux. Il démontra qu'il s'agissait en réalité d'une seule et même chose puisque la vitesse de propagation d'une onde électromagnétique et la vitesse de propagation mesurée de la lumière sont identiques. Son travail ouvrit la voie au physicien allemand Heinrich Rudolph Hertz qui conçut, en 1886, une méthode pour produire et détecter les ondes électromagnétiques atmosphériques découvertes par Maxwell. Le postulat de Hertz était qu'en manipulant l'électricité contenue dans les ondes électromagnétiques, on pourrait relayer des signaux à des longueurs d'onde variables. L'unité de mesure de la fréquence obtenue fut baptisée «hertz» (Hz). Ces expériences et essais démontrèrent que les ondes contenaient de l'électricité et que, parallèlement, l'atmosphère pouvait transporter des particules électriques d'un point à un autre.

L'honneur du premier pas vers la communication radio revient à un inventeur américain, le professeur Samuel F. B. Morse. En 1835, il inventa un appareil qui permettait la communication unidirectionnelle par fil entre deux points distants d'environ un kilomètre au moyen de l'électricité. Le physicien anglais sir Charles Wheatstone et son partenaire, l'ingénieur anglais sir William Cooke, inventèrent quant à eux le premier télégraphe électrique et en firent la démonstration en juillet 1837 lorsqu'ils envoyèrent et reçurent un message le long de la voie ferrée entre Euston et Camden Town, en Angleterre. Le télégraphe à aiguilles comportait cinq fils qui actionnaient chacun une aiguille servant à indiquer les différentes lettres. Le télégraphe à aiguilles a été à l'origine utilisé pour contrôler la circulation des trains entre la gare d'Euston et Chalk Farm, à Londres. Dès 1840, il était utilisé quotidiennement par les compagnies de chemin de fer London & Birmingham et Great Western en Grande-Bretagne.

Travaillant seul de son côté, Morse inventa sa propre version du télégraphe et en fit la démonstration à l'automne 1837 à Washington. Le télégraphe Morse fonctionnait à l'aide d'un courant simple commandé par un manipulateur. En enfonçant celui-ci du bout du doigt, on fermait un circuit, ce qui envoyait une impulsion le long des fils. Étant muni d'un ressort, le manipulateur remontait automatiquement en position d'arrêt. En janvier 1838, Morse et son partenaire Alfred Vail firent une démonstration publique à l'Université de New York avec cet appareil sur un circuit de 16 kilomètres. Ils réussirent à transmettre dix mots à la minute. Cette même année, Morse et Vail inventèrent le code morse, un code lettres à longueur variable dans lequel les signaux tapés représentent des lettres et des nombres et qui est basé sur le principe des traits et des points. Le manipulateur est enfoncé brièvement pour indiquer un point et enfoncé trois fois plus longtemps pour indiquer un trait. Le télégraphe et le code morse furent adoptés par tous les pays de préférence à l'appareil et à l'alphabet inventés par Wheatstone parce que l'appareil de Morse était plus facile à construire et qu'il s'était révélé plus fiable. En 1843, Morse installa une ligne télégraphique terrestre entre Washington et Baltimore, au Maryland. L'année suivante, Vail inventa le premier véritable manipulateur télégraphique qu'il appela «Correspondent». Le 24 mai 1844, il envoyait son premier télégramme, une citation de la Bible: «Que fait donc Dieu!»

On découvrit par la suite que les signaux ne pouvaient être transmis avec succès que sur une distance d'environ 30 kilomètres. Au-delà, ils devenaient trop faibles pour être captés convenablement. Pour contrer ce problème, Morse mit au point un relais qui pouvait être inséré sur la ligne télégraphique. Munis d'un commutateur actionné par un électroaimant et alimenté par une batterie, ces relais répétaient les signaux et les retransmettaient de 30 kilomètres en 30 kilomètres jusqu'à leur destination finale. Le premier récepteur Morse était équipé d'un crayon contrôlé électromagnétiquement. Ce crayon imprimait des marques indiquant un point ou un trait sur une bande de papier se déroulant à vitesse constante. En 1849, les télégraphistes apprirent à reconnaître à l'oreille les traits et les points qui leur étaient transmis, ce qui mena à l'invention d'un résonateur pour amplifier les sons du télégraphe. On modifia également le manipulateur pour que celui-ci (qui était muni d'un levier incurvé) et le résonateur soient sur la même base. L'expert-télégraphiste Jesse H. Bunnell améliora encore cet instrument en 1881 lorsqu'il créa un manipulateur à levier en acier qu'il baptisa «Triumph». Fait d'une seule pièce, en acier matricé, il devint rapidement l'outil standard adopté par toutes les entreprises et les compagnies de chemin de fer.

Les lignes télégraphiques connurent un tel achalandage en 1888 que les opérateurs développaient la «paralysie du télégraphiste», une douleur qui porte de nos jours le nom de syndrome du canal carpien. Bunnell résolut ce problème en créant le «Sideswiper», manipulateur double vitesse à action horizontale. Le télégraphe et ses améliorations marquèrent le début d'une nouvelle ère dans le domaine des conversations interpersonnelles et abolirent les distances qui jusqu'alors avaient été source de retards et d'écueils dans les communications.

Le télégraphe fut rapidement connu dans le monde entier. De grands progrès furent accomplis au cours des deux décennies qui suivirent. En 1845, la première compagnie de télégraphe des États-Unis était créée; il s'agissait de la Morse Magnetic Telegraph Company. Cette même année, une ligne télégraphique en Angleterre transmettait le discours prononcé par la reine Victoria lors de l'ouverture de la session du Parlement.

La première compagnie de télégraphe canadienne, la Toronto, Hamilton & Niagara Electric Telegraph Company, fut inaugurée en décembre 1846. De nouvelles percées dans le domaine de la télégraphie avec fil intercontinentale et internationale n'allaient pas tarder. Durant l'été 1861, la Western Union Company établissait la première ligne télégraphique longue distance des États-Unis entre St. Joseph, au Missouri, et Sacramento, en Californie. Plus tard cette année-là, la première ligne télégraphique transcontinentale, qui reliait New York et San Francisco, entrait en service, et dès 1865, grâce aux connexions télégraphiques, le temps nécessaire pour la transmission d'un message entre l'Europe et l'Inde était passé de plus d'un mois à moins d'une semaine.

Fils et poteaux télégraphiques avaient recouvert les continents, mais qu'en était-il des mers et des océans? En 1851, la première liaison trans-Manche était établie avec la pose du premier câble télégraphique sous-marin. Ce câble assurait la connexion entre l'Angleterre et la France, plus précisément entre Londres et Paris. En août 1858, on terminait la pose du premier câble télégraphique transatlantique qui reliait l'Irlande et Terre-Neuve. Le premier télégramme officiel transmis par fil fut un message de salutations de la reine Victoria au président James Buchanan. Commencée à 10 h 50 TU le matin du 16 août, la transmission du message de 99 mots se termina à New York à 4 h 30 HNE le lendemain matin. C'était une réussite spectaculaire. L'eau de mer vint cependant à bout du câble qui se détériora après trois semaines, ce qui sonna le glas du projet. Sans se laisser décourager, les inventeurs poursuivirent leur travail et, le 27 juillet 1866, la première liaison télégraphique transatlantique rentable sur le plan commercial était inaugurée entre le Royaume-Uni et le Canada (de Valentia, en Irlande, à Heart's Content, à Terre-Neuve). Un prolongement terrestre reliait le tout aux États-Unis. Environ 2700 kilomètres d'océan avaient été franchis sous la direction de John Pender et Cyrus Field, cofondateurs de la Anglo-American Telegraph Company. Le câble Telcon de Pender et Field était plus léger et plus résistant que ceux qui avaient été utilisés précédemment. Il permettait de transmettre des messages à la vitesse de sept mots à la minute. La pose du câble en tant que telle avait pris deux semaines au plus grand transatlantique de l'époque, le *Great Eastern*. Six mois plus tard, le 20 décembre, un message inaugural était transmis sur le nouveau réseau télégraphique pancanadien officiellement mis en service pour l'acheminement des communications régulières. Parti de Westminster, en Colombie-Britannique, le message fut transmis à Canso, en Nouvelle-Écosse, en trois minutes, puis relayé en Angleterre par le câble sous-marin. Le télégraphe par fil faisait la preuve que des mots pouvaient être envoyés avec une vitesse et une facilité relatives presque partout dans le monde.

Le télégraphe représentait sans contredit un progrès énorme dans l'histoire de l'électronique et des communications. Cependant, on ne peut tendre des fils d'un bout à l'autre d'un pays et en faire passer même sous les voies navigables sans se heurter à certains écueils, comme l'interférence résultant des conditions météorologiques. Parfois, les fils ou les poteaux cassaient ou subissaient d'autres types de dommages. En outre, il fallait régulièrement remplacer fils et poteaux usés. La conversation par fil était assurément bonne, mais elle pouvait être améliorée. Après avoir pris connaissance des conclusions de Hertz sur la propagation des ondes électromagnétiques dans l'atmosphère, l'ingénieur électricien italien Guglielmo M. Marconi élabora une théorie qu'il mit à l'essai le 10 mai 1894. L'appareil qu'il avait mis au point était équipé d'un cohéreur (tube de verre rempli de limaille de fer pour acheminer les ondes radio) et d'éclateurs à étincelles, deux éléments auxquels il avait apporté des améliorations de son cru. Il parvint à transmettre la lettre S en morse sur une onde radio entre deux antennes situées sur les versants opposés d'une colline et distantes de 1,2 kilomètre, à Pontecchio, en Italie. La communication « sans fil » venait de voir le jour.

Le gouvernement italien montra peu d'intérêt pour la possibilité d'établir des communications sans fil. Au début de 1896, Marconi partit pour Londres avec sa mère, qui était d'origine irlandaise, et son invention. Tous deux espéraient connaître dans cette ville un meilleur succès. Au début de juin, Marconi déposa une demande de brevet auprès du gouvernement anglais et, en juillet, il faisait une démonstration de son appareil à un groupe de dignitaires et d'ingénieurs en transmettant un message entre deux bureaux de poste londoniens distants de 1,5 kilomètre. Le mois suivant, il transmit des signaux à un remorqueur en mer, situé à une trentaine de kilomètres de la côte. L'année suivante, Marconi fondait la Wireless Telegraph & Signal Company Limited qui expédiait les premiers messages radio payants entre Bournemouth en Angleterre et la France, à 50 kilomètres de l'autre côté de la Manche.

Pressentant que son système de communication sans fil n'avait pas donné tout son potentiel, Marconi se rendit à Cape Race, à Terre-Neuve, où il installa, pour la Marconi's Wireless Telegraph Company, une station réceptrice au sommet d'un cap surplombant le port de St. John's. Le 12 décembre 1901, Marconi tendit une antenne de 120 mètres portée par un cerf-volant. À 12 h 30, il reçut le premier signal transatlantique sans fil – la lettre S en morse – que lui envoyait son employé John A. Fleming. Celui-ci émettait à partir de la station Marconi de Poldhu, en Cornouailles, sur la côte de l'Angleterre, à l'aide d'un émetteur extrêmement puissant et des pylônes d'antennes de 65 mètres de hauteur. Une distance de près de

3000 kilomètres venait d'être franchie par une communication sans fil. À Terre-Neuve, l'endroit de sa réception reçut le nom de Signal Hill. L'expérience de Marconi prouva également que la courbure de la terre n'empêchait pas la transmission des signaux radio.

En 1902, l'ingénieur danois Valdemar Poulsen inventa l'émetteur radio à arc. Cet appareil était muni d'un oscillateur à arc qui produisait des signaux filtrés en ondes entretenues. Jusque-là, les émetteurs à étincelles produisaient des ondes radioélectriques fortement amorties et bruyantes sur un large spectre de fréquences. Il était impossible de régler les récepteurs avec précision, car les signaux des stations avoisinantes ne pouvaient qu'interférer les uns avec les autres. En outre, les ondes amorties ne pouvaient pas acheminer les signaux vocaux. L'émetteur à arc Poulsen permit d'émettre des trains d'ondes filtrées sur de hautes fréquences, améliora la sélectivité, élimina le chevauchement des transmissions doubles – ce qui permit à un plus grand nombre de stations de se partager les ondes –, augmenta la portée d'émission sans qu'il soit nécessaire d'augmenter la puissance et accrut la vitesse télégraphique. L'émetteur Poulsen était en avance sur son temps, mais compte tenu du rythme auquel la radiotechnologie se développait, il allait bientôt s'avérer indispensable.

Presque un an jour pour jour après l'établissement de la première liaison transatlantique sans fil, des messages complets étaient transmis à Poldhu à partir de stations situées à Glace Bay, en Nouvelle-Écosse. L'année suivante, les premières communications transatlantiques bidirectionnelles étaient établies entre Poldhu et Cape Cod, au Massachusetts. Et en 1907, le premier service de télégraphie sans fil transatlantique voyait le jour. Il fonctionnait 24 heures sur 24 entre Glace Bay et Clifden, en Irlande. Marconi inventa une antenne directionnelle à éléments horizontaux en 1905 et en novembre 1911, il faisait parvenir à la ville de New York sa première transmission sans fil à partir de l'Italie.

Maintenant que la transmission des signaux avait été améliorée, il fallait améliorer les récepteurs. Le physicien britannique John A. Fleming était à la fois spécialiste en électricité et l'un des dirigeants du groupe Marconi. Il étudia en profondeur l'effet Edison, soit le flux de courant électrique qui est produit lorsqu'une électrode est scellée dans un tube à vide (ampoule de verre) et connectée à une borne de charge électrique positive. Ce type de tube est un prolongement des tubes électroniques testés par le physicien anglais William Crookes en 1856. Crookes avait démontré que l'on pouvait faire passer une tension élevée dans un tube de verre muni d'électrodes à chaque extrémité. Fleming posa comme hypothèse que l'effet Edison pouvait être modifié afin de détecter les signaux radio oscillants. La réception obtenue serait ainsi, en théorie, grandement améliorée par rapport à celle qu'on obtenait avec les cohéreurs, qui étaient certes pratiques mais délicats et erratiques, ou encore avec le détecteur magnétique de Marconi. Cet appareil fonctionnait mieux, mais sa polarité avait tendance à s'altérer lorsqu'il était placé à proximité des émetteurs, ce qui annulait son pouvoir de réception. Après de nombreuses expériences, Fleming mit au point en octobre 1904 un tube thermo-ionique à vide muni de deux électrodes et d'une plaque de métal. Ce tube pouvait redresser les signaux haute fréquence entrants. Ce fut la première diode. Fleming l'appela «valve à oscillations»; on l'appela plus tard valve de Fleming. Au cours des huit mois qui suivirent, il perfectionna son invention et en fit de nombreuses démonstrations à la communauté scientifique anglaise. Il envoya ensuite cinq de ses valves à Marconi en Cornouailles pour des essais sur le terrain. Marconi commença immédiatement à les utiliser. Le récepteur à tubes Marconi-Fleming était produit peu après. Cet appareil offrait une meilleure réception des ondes radio, exactement comme l'avait prévu Fleming.

L'ingénieur électricien américain Lee De Forest cherchait à améliorer la valve de Fleming. Ce dispositif était un excellent détecteur, mais il était limité à n'être qu'un redresseur et il ne détectait pas les changements dans l'intensité des signaux ni le rayonnement électromagnétique. De Forest estimait qu'il était important d'avoir un tube qui pourrait servir de détecteur amplificateur. En octobre 1906, il inséra une troisième électrode, appelée grille, entre la cathode et l'anode, ce qui amplifiait les signaux qui traversaient le tube. Il nomma son invention «Audion». La triode (ou tube à trois électrodes) révolutionna les communications électroniques. Pour la première fois, un signal radio faible pouvait être amplifié à volonté, dans les limites de la résistance thermique du tube. Pour la première fois, la téléphonie transcontinentale était possible car, avec un amplificateur Audion De Forest, on n'avait plus besoin de relais pour retransmettre les signaux. La première démonstration publique de l'Audion eut lieu en 1910 quand De Forest transmit en direct du Metropolitan Opera de New York un spectacle du grand ténor italien, Enrico Caruso.

Durant l'été 1912, l'ingénieur américain Edwin H. Armstrong mettait au point le circuit régénérateur, qui pouvait augmenter la puissance de sortie d'un émetteur radio et créer du courant alternatif. Se servant de l'amplificateur Audion, Armstrong mit au point un procédé par lequel une partie du courant anodique était retourné à la grille pour amplifier les signaux entrants. Les signaux des stations éloignées étaient tellement forts qu'on pouvait les entendre sans casque d'écoute. Il venait de mettre au point le premier amplificateur radio. Pendant la Première Guerre mondiale, Armstrong inventa un circuit superhétérodyne, un montage de huit tubes qui augmentait les signaux faibles à des niveaux jusqu'alors inégalés.

Pendant ce temps, en décembre 1900, un inventeur canadien, Reginald Fessenden, mettait au point la radiotéléphonie – ou la transmission de la voix par les ondes. Ce professeur de génie électrique à l'Université de Pittsburgh avait été chimiste en chef pour Edison et Westinghouse. En 1898, il eut l'idée d'utiliser un alternateur pour créer une onde électromagnétique susceptible de reproduire et d'acheminer la voix humaine sans l'aide de fils. Parlant dans un microphone à granules de carbone à partir de son laboratoire de Cobb Island sur le fleuve Potomac, il envoya un message à l'un de ses assistants. Celui-ci était posté à 1,6 kilomètre de là, à Arlington en Virginie, et attendait sa communication à proximité d'un récepteur expérimental. « *Un, deux, trois, quatre. Neige-t-il là où vous êtes, Monsieur Thiessen ? Si oui, télégraphiez-moi pour m'en informer.* » Quelques minutes plus tard, le télégraphe de Fessenden lui signifiait que oui, il neigeait à Arlington. La première émission radio de la parole fut un succès. Désormais, la radio pouvait transmettre la voix plutôt que des signaux codés.

Fessenden souhaitait contribuer au progrès de la radio. En 1902, il commanda à la General Electric un alternateur à haute fréquence. Cette tâche fut confiée à un technicien en électricité, américain d'origine suédoise, Ernst F. W. Alexanderson. Après deux années de travail acharné, celui-ci mit au point un alternateur haute vitesse qui produisait une onde entretenue à haute fréquence. L'alternateur d'Alexanderson promettait de remplacer les télégraphes à étincelles, qui se surchargeaient facilement et ne pouvaient assurer une transmission ininterrompue. Le nouvel alternateur fonctionnait sur un courant de 2 kilowatts et produisait une fréquence d'oscillations entretenues de 100 000 cycles. À la fin de 1904, un alternateur Alexanderson était livré à Fessenden et installé dans son laboratoire.

À 21 heures la veille de Noël 1906, Fessenden réalisait du siège social de la National Electric Signaling Company (NESCO) la première radiodiffusion publique. À l'aide de sa nouvelle invention, un émetteur à alternateur, auquel il avait intégré les principes de l'émetteur radio à arc mis au point en 1902 par Poulsen et l'alternateur d'Alexanderson, et d'un pylône d'antenne de 125 mètres situé à Blackman's Point à Brant Rock, au Massachusetts, il transmit à des navires dans le port de Boston et le long de la côte atlantique. À la grande surprise des opérateurs Marconi, il diffusa un enregistrement d'un «largo» de Händel joué sur un phonographe Edison. Il interpréta également sa propre version de «Sainte Nuit», lut le récit de la Nativité dans l'Évangile selon saint Luc et termina en souhaitant «Joyeux Noël» à ses auditeurs et en leur demandant de lui écrire leurs commentaires sur l'émission. Le courrier reçu confirma que Fessenden avait encore une fois réussi. Il fit encore progresser la radio en inventant l'oscillateur électroacoustique, le détecteur électrolytique et des circuits d'antennes efficacement accordés. La téléphonie sans fil connut de nouveaux progrès. En 1916, on tenta la première radiodiffusion transcontinentale en Amérique du Nord, mais la tentative échoua en raison des parasites. Un nouvel essai fut tenté en janvier 1917 entre la Côte Ouest et Hartford, au Connecticut, et cette fois, ce fut un succès.

La téléphonie sans fil ou la «vraie» radio offrait encore plus de possibilités pour le développement de la science. En 1915, la Chambre des communes du Canada délivra à la Marconi Wireless Telegraph Company of Canada le premier permis au monde pour une station de radio expérimentale nommée XWA. Une programmation d'essai fut diffusée au cours de l'année 1919 et, en décembre de la même année, la station XWA de Montréal diffusait les toutes premières émissions à faire partie d'une programmation radiophonique régulière. Les auditeurs pouvaient principalement entendre des bulletins météorologiques et des «disques de gramophones» joués sur un appareil Victrola. En mai 1921, XWA, qui allait désormais s'appeler VE9AM, devint une station commerciale en bonne et due forme. Un an plus tard, l'indicatif d'appel CFCF lui était assigné. En février 1920, la Marconi Company commençait, elle aussi, une programmation radio expérimentale biquotidienne, émettant à partir d'une station de 15 000 watts à Chelmsford, en Angleterre. En juin, la station de Marconi, 2MT Chelmsford, diffusait pour la première fois au monde un concert public annoncé par la publicité. Il s'agissait d'un récital de la célèbre soprano australienne, dame Nellie Melba. La diffusion avait été commanditée par le *Daily Mail* de Londres et le concert avait pu être entendu à 1600 kilomètres à la ronde.

Aux États-Unis, la station WWJ Detroit entra en ondes en août 1920. La station de la Westinghouse Electric Corporation, KDKA de Pittsburgh, fut la première station de radiodiffusion à obtenir un permis gouvernemental en Amérique. Elle commença à diffuser sa programmation régulière commerciale faite de nouvelles, de bulletins sportifs et de musique en novembre. À l'automne 1920, Westinghouse innova en commençant la production en série de récepteurs radio destinés à la vente. Ces appareils fabriqués en usine étaient vendus dans de petites boîtes de bois «entièrement sonorisées», casque d'écoute compris, le tout pour le prix de détail suggéré de 10 $. Les piles A, B et C requises pour l'alimentation étaient toutefois vendues séparément. À la fin de l'année, ces appareils étaient devenus extrêmement populaires et avaient fait de la radio le plus récent mode de divertissement au foyer. Dans les années qui suivirent, des stations de radio furent ouvertes dans les villes du monde entier et les récepteurs radio devinrent un objet familier dans de nombreux foyers. En une centaine d'années, ce média au départ rejeté parce qu'il n'était qu'un «jouet destiné à la distraction» s'était imposé comme outil de communication viable. Au moment où la radio venait tout juste de s'intégrer à la vie sociale, un jeune Canadien était prêt à s'adonner à ce nouveau passe-temps.

BOYS WHO HAVE MADE GOOD IN AMATEUR WIRELESS

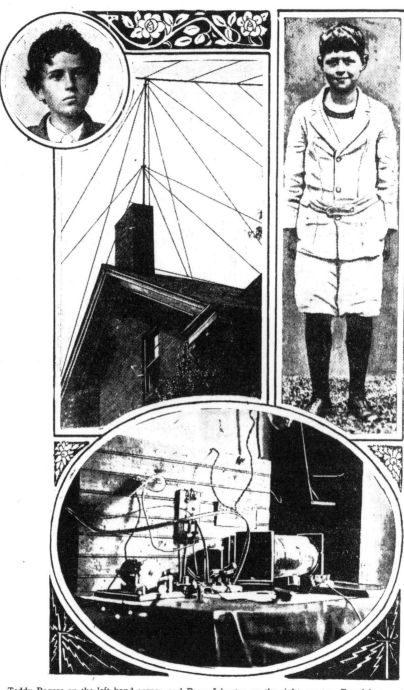

Teddy Rogers on the left hand corner, and Davy Johnston on the right, are two Rosedale experts in receiving messages. The aerial is shown in the centre on the roof of the Rogers' home, and was erected by the boys themselves. Teddy's operating room is shown below.

CITY SWEPT BY HEAVY STORM

BOATS IN DISTRESS.

**Rain Fell in Torrents Down Town,
While East End Had Severe Hail-
storm—Life Savers Active.**

Unheralded, and like a bolt from
the blue, came the thunderstorm that

BULGARIANS CABLE TO GREY

PROTEST AGAINST DESPATCHES.

**Revolution Will Inevitably Follow the
Forcing of Greek Language and Edu-
cation on the People of Other Races.**

The Bulgarians living in Toronto and
district held a meeting Sunday after-

IT IS HARD ON THE SHIPPERS

WHEN CARTING TIME COMES.

**Busiest Season Starts About October
1, When Railways Will Cease to Con-
join With Cartage Companies.**

There is apparently some apprehen-
sion on the part of the shippers and

Chapitre deux

Des points et des traits

C'est à l'automne 1911, pendant ses cours de sciences à l'Université de Toronto, que Ted Rogers entendit pour la première fois parler de communication sans fil. L'élève de 11 ans, à l'esprit vif, fut instantanément captivé par le concept – être capable d'envoyer des messages presque partout dans le monde au moyen de signaux électriques voyageant dans l'air! Il voulait en savoir plus, et cet intérêt se mua rapidement en hobby. La radio en était à ses premiers balbutiements et Ted voulait suivre son évolution pas à pas. Au premier étage, dans une pièce située à l'arrière de la nouvelle maison familiale du 49 de l'avenue Nanton, dans le quartier Rosedale de Toronto, il fabriqua un détecteur électrolytique calqué sur celui de Fessenden avec de l'argent de poche fourni par ses parents. Les familiers de la radio appelaient en anglais ce type de récepteur «cat whiskers radio» (littéralement «radio à moustaches de chat»), à cause de son aspect. L'appareil que Ted avait fabriqué avec l'aide de son frère aîné Elsworth était équipé du dernier cri en matière de bobines syntonisatrices et de condensateurs d'accord à étincelles. Ted expérimenta et perfectionna son appareil et ne tarda pas à fabriquer son propre récepteur à galène. Il lui manquait toutefois une composante essentielle : le haut-parleur. Ted et Elsworth savaient que leurs parents ne voudraient pas investir dans l'achat d'un vrai haut-parleur. Les deux frères cherchaient une solution quand l'un d'entre eux pensa qu'il y avait à l'étage un téléphone dont on ne se servait presque jamais. Sans faire de bruit, les petits futés allèrent en prélever l'écouteur.

Peu après, les deux frères captèrent leurs premiers signaux en provenance de la station NAA de Washington. Ayant appris par eux-mêmes le code morse, ils purent déchiffrer le message. Ted et Elsworth étaient si surexcités qu'ils dévalèrent l'escalier avec l'appareil pour aller trouver leur père au salon. Même s'il n'entendait guère qu'un méli-mélo de sons étranges, le père se laissa gagner par l'enthousiasme de ses fils. Après qu'ils l'eurent impressionné en traduisant les bips confus en mots bien réels, Albert Rogers fut conquis et acheta à ses fils de vrais casques radio.

Au mois d'avril suivant, Ted apporta son récepteur à galène au chalet familial de Pointe-au-Baril, à la baie Georgienne. Un lundi matin, alors qu'il était à l'écoute de son appareil, il se mit à capter de très étranges messages. Était-ce possible ? Complètement abasourdi, il continua d'écouter en prenant fébrilement des notes. Les messages qu'il captait étaient relayés par David Sarnoff, à partir d'une station Marconi installée au-dessus d'un magasin à rayons de New York. Ils parlaient du naufrage d'un paquebot de construction récente et d'un luxe inouï qui était parti de Liverpool, en Angleterre – le *Titanic*. Ted écrivait les noms des survivants et les autres renseignements intéressants au fur et à mesure de leur diffusion. Force fut de constater que la radio à galène de Ted pouvait avoir une utilité réelle. En outre, le fait que Ted ait pu recevoir des messages provenant d'aussi loin que New York était un signe du degré de perfectionnement de son appareil et du niveau élevé de ses compétences.

En décembre, le jeune garçon de 12 ans joignait les rangs d'une toute nouvelle association, la Wireless Association of Toronto, un groupe de 104 radioamateurs qui se réunissait chaque mois. On assigna à Ted l'indicatif d'appel XRD (- •• - •-• -••), avec lequel il s'identifiait chaque fois qu'il entrait en contact avec les autres membres du groupe. Tous ses messages commençaient et se terminaient par ce nom de code. Les membres devaient respecter les dix règles de l'association, les plus strictes étant de «n'interférer d'aucune manière que ce soit avec une station commerciale ou gouvernementale, ni indûment avec aucune autre station amateur» et de «s'abstenir de toute transmission superflue». Au printemps suivant, aidé de son frère et de Keith Russell, vice-président de la Wireless Association, Ted érigea une grande antenne radio sur le toit de la maison familiale. La capacité de transmission et de réception de son appareil s'en trouva grandement améliorée, mais pour les voisins, l'énorme pyramide de fins fils d'acier n'était qu'une horreur qui déparait le paysage.

Le 21 juillet 1913 – un mois après son treizième anniversaire – on parla de Ted Rogers dans un journal pour la première fois. Le *Toronto Telegram* publiait en page 7 un reportage dont les titres disaient: «Récit d'un naufrage en Irlande capté par de jeunes radioamateurs de la Wireless Association of Toronto: à 10 ans, ils ont la meilleure station de radio en Ontario – L'Association recrute de nouveaux membres – "Teddy" Rogers et "Davy" Johnston sont de vrais Marconi – Ils ont fabriqué eux-mêmes leur appareil – Le "sans fil" suscite un grand intérêt à Toronto». L'article racontait comment Ted avait capté un message transmis de Cape Cod, au Massachusetts, au sujet du *Haverford,* un navire qui s'était échoué sur les rochers au large de Queenstown, en Irlande. L'article décrivait l'appareil de Ted comme étant «probablement le meilleur poste de radioamateur de la province». L'article disait aussi:

Teddy Rogers, un opérateur radio expérimenté animé d'un enthousiasme débordant pour le «sans-fil».

Interrogé, Albert Rogers déclara:

J'ai trouvé ça très amusant quand, il n'y a pas très longtemps, Teddy a dévalé l'escalier en trombe pour me dire qu'il avait reçu un message de Cape Cod. Bien sûr, il a fallu que je monte pour écouter, et j'ai continué à le faire depuis.

L'article publiait une photo où l'on voyait Ted Rogers, Davy Johnston et l'appareil télégraphique de Ted et le fatras de fils reliés à la cheminée qui servaient d'antenne. Sous la photo, la légende disait : « Des garçons qui se débrouillent bien en radio amateur : Teddy Rogers, à gauche, et Davy Johnston, à droite, sont les deux experts de Rosedale en réception radio. Au centre, on aperçoit l'antenne sur le toit de la maison des Rogers. Ce sont les garçons eux-mêmes qui l'ont installée. En dessous, la pièce où travaille Teddy. »

Puis 13 mois plus tard, Ted se trouvait de nouveau au chalet de la baie Georgienne avec, bien sûr, son appareil récepteur. Il apprit cette fois, en captant les ondes courtes en provenance de Londres, la déclaration de guerre entre l'Angleterre et l'Allemagne, et ce, avant même que les médias de Toronto reçoivent l'information. Ted annonça la nouvelle à sa famille, puis il alla l'épingler sur le tableau d'affichage d'un hôtel de la baie Georgienne.

Au cours des quelques années qui suivirent, Ted passa la plus grande partie de ses temps libres à bricoler son appareil et à se tenir au courant des innovations dans le domaine des communications sans fil. Il apporta son récepteur avec lui au collège de Pickering, l'école qu'avait fait construire son père à Newmarket. Dans une lettre à sa mère datée de la fin de novembre 1915, Ted parlait de ses notes : « Je suis encore arrivé premier. » Il mentionnait également qu'il avait découvert un autre usage pour son matériel radio : « J'ai apporté une bobine d'induction et je m'amuse comme un fou. J'ai électrifié la poignée de la porte et une partie du plancher ; les gars sautent en l'air comme c'est pas possible. Pour le moment, ma chambre n'est qu'un fouillis de fils. »

En juin 1916, Ted réussit un examen de la Canadian Marconi Wireless Telegraph Company de Montréal et fut embauché comme opérateur radio. Il passa donc l'été, de même que les trois suivants, sur les navires de passagers qui faisaient des croisières sur les Grands Lacs. Il aurait travaillé tour à tour sur le *Huronic,* le *Hamonic* et le prestigieux *Noronic* qui étaient tous possédés et exploités par la Northern Navigation Company. Il semble que des 24 stations Marconi situées en Ontario, en Ohio, au Michigan, en Illinois, au Wisconsin et au

Minnesota, celles avec lesquelles il aurait eu le plus de contacts furent VBG Toronto, VBH Kingston, VBB Sault Ste. Marie, WDR Detroit, WGO Chicago, WME Milwaukee et WDM Duluth. Son travail consistait surtout à transmettre aux passagers les messages reçus à leur intention et à expédier les leurs. Il devait également tenir le capitaine et l'équipage au courant des nouvelles. À un âge où la plupart des garçons rêvent de leur permis de conduire et d'un éventuel premier rendez-vous galant, Ted travaillait pour la première et la plus prestigieuse société de communications radio au Canada. Il est intéressant de noter que Rogers occupait un poste identique à celui de Harold Bride, opérateur radio Marconi en chef à bord du *Titanic*.

En avril 1919, le gouvernement canadien leva l'interdiction qui frappait la radio amateur. Cette interdiction était une mesure de guerre qui visait à réserver les ondes à des fins militaires et à contrer l'espionnage. Ted attendait ce jour depuis longtemps. Pour la modique somme de un dollar, il fut l'un des premiers au pays à posséder une licence de radioamateur. On lui assigna l'indicatif d'appel 3BP (•••---•••--•) et il commença à utiliser un émetteur à étincelles d'une puissance de un demi-kilowatt et une longueur d'onde de 300 mètres. En 1920, il installa une station télégraphique dans une petite pièce au rez-de-chaussée de l'aile sud du collège de Pickering alors vacant. De là, il commença à diffuser avec son nouveau signal à l'aide d'une antenne faite de sections de 6 mètres de tuyau de fer aboutées jusqu'à une hauteur de 30 mètres. Il avait choisi Newmarket parce que l'endroit était vaste et assez élevé. Son choix relevait également de raisons sentimentales : c'était là que ses ancêtres s'étaient installés en arrivant au Canada en 1801 ; son père avait fait bâtir le collège en 1909 et il était lui-même un diplômé de l'établissement. Sa station devint en quelque sorte une attraction locale pour les résidents de Newmarket, qui venaient voir son matériel de près et le regarder fonctionner.

À 19 ans, Ted Rogers entrait à l'École des sciences appliquées de l'Université de Toronto. Son objectif était d'étudier la transmission et la réception radio, de mettre à l'essai ses propres théories et d'acquérir une plus vaste expérience pratique des aspects techniques de l'opération. Sur le formulaire d'admission, à la question qui demandait pour quelle raison il devrait être accepté, Ted répondit : « J'ai à trois reprises passé une partie de mes vacances d'été à l'emploi de la Canadian Marconi Wireless Telegraph Company en tant qu'opérateur sur les navires de passagers des Grands Lacs. Je me suis tenu au courant de l'évolution des radiocommunications et j'ai fait pas mal d'expérimentation dans le domaine. »

En juillet, l'année suivante, Ted fut accepté au sein de l'American Radio Relay League (ARRL). Il s'agissait du tout premier club de radioamateurs au monde. Le groupe, qui avait son siège social à Hartford au Connecticut, avait été fondé en mai 1914 par Hiram Percy Maxim. Que Ted ait été accepté au sein de ce groupe était une nouvelle preuve de son savoir-faire. Trois mois plus tard, il était nommé directeur de la sous-division n° 4, Newmarket, de la section ontarienne de l'ARRL qui venait d'être restructurée. La nomination émanait du directeur de la division de l'Ontario, Keith Russell, celui-là même qui l'avait aidé à construire son antenne en 1913.

En septembre 1921, l'ARRL annonçait dans QST, son magazine mensuel officiel, qu'elle commanditait une épreuve de communications transatlantiques. Les participants devraient tenter de faire parvenir un message à partir de leur propre station à une station réceptrice située à Androssan, près de Glasgow, en Écosse. Un des dirigeants de l'ARRL, Paul Godley, serait sur place pour recevoir les messages. L'objectif était de déterminer si des radioamateurs auxquels on aurait donné des consignes précises pouvaient faire parvenir un message de l'autre côté de l'Atlantique. Ted accepta le défi et se soumit aux difficiles épreuves préliminaires. L'ARRL lui assigna un code-repère exclusif, NZFCO. Il fut parmi les 27 finalistes sélectionnés. Les règles de base établies par l'ARRL précisaient que les transmissions devaient être limitées à des longueurs d'ondes de 200 mètres ou moins et que la puissance de sortie ne pouvait dépasser un kilowatt. Quand ils prirent connaissance de ces exigences, certains membres de la communauté des radioamateurs refusèrent de participer et affirmèrent qu'il s'agissait d'une « ridicule impossibilité ». Le soir du 7 décembre, Ted commença à émettre NZFCO à répétition pendant la période de temps qui lui était allouée, soit de 22 h 15 à 22 h 30. Il inséra également dans sa transmission son signal d'appel habituel, 3BP, pour mieux s'identifier. Le 11 décembre, un télégramme en provenance de Hartford lui annonçait qu'on avait capté son signal 3BP! Il fut le seul et unique concurrent canadien à atteindre l'objectif, et la deuxième personne la plus à l'ouest à faire entendre son signal, la première ayant émis de Cleveland, en Ohio. Les 23 autres concurrents avaient émis à partir de la côte atlantique. Le signal de Ted avait parcouru 800 kilomètres au-dessus du continent. C'était impressionnant parce que les ondes transmises sans fil voyagent beaucoup plus facilement au-dessus de l'océan qu'au-dessus des terres. En outre, Ted avait utilisé un poste émetteur à étincelles et non un appareil à ondes entretenues qui émet des signaux constants et est en général plus puissant. Godley rapporta que le signal 3BP reçu était «très fort». Jamais un poste émetteur canadien n'avait envoyé un signal aussi loin et celui qui l'avait fait, c'était le jeune Ted Rogers.

Encore une fois, Ted fit la manchette des journaux pour son exploit. «Un radioamateur de Newmarket "parle à l'Écosse"», proclamait dans un article en première page le *Toronto Star* dans son édition du 12 décembre. Cinq jours plus tard, il faisait l'objet d'un article plus étoffé dans le *Toronto Star Weekly* qui titrait «Un magicien des communications sans fil accomplit un grand exploit : un radioamateur de Newmarket établit une communication transatlantique – une épreuve intéressante». Une photo de Ted cheveux bien ras, l'air sérieux, portant chemise blanche bien empesée, cravate à motifs et veston, accompagnait l'article dont voici un extrait :

Il y a à Newmarket un jeune homme tellement talentueux, tenace et enthousiaste que, s'il devient un jour ingénieur radio, il rejoindra peut-être les Nikola Tesla et Alexanderson, que l'on peut qualifier sans se tromper de «magiciens de l'électricité». Quand on lui demande ce qui l'a incité à choisir l'étude de la radio amateur comme passe-temps, il répond qu'il ne peut le dire exactement, mais que ça lui semblait la chose à faire. Cet exploit fait de lui le chef de file de la communauté des radioamateurs au Canada, car il est le seul à avoir réussi l'épreuve.

L'article fut repris par le *Newmarket Era* qui ne publia pas la photographie. Le *Toronto Star* se passionna pour les aptitudes de Ted Rogers en radiocommunication au point qu'en septembre 1922, il publia un autre article sur le sujet sous le titre « Une station de Newmarket entendue en Écosse : l'exploit accompli l'automne dernier par Edward Rogers n'a jamais été répété. » L'article reprenait la photo qui accompagnait l'article du mois de décembre et mentionnait :

> Rogers s'est vraiment distingué [par rapport à tous les concurrents américains] car, alors qu'ils émettaient de la côte atlantique, il était, lui, à 800 kilomètres à l'intérieur des terres. Dans les prochaines années, quand la transmission du courant radiofréquence se fera à l'aide de puissants tubes à vide, on s'émerveillera qu'un amateur ait pu envoyer un signal de Toronto jusqu'en Écosse avec un poste à étincelles. Certains experts de demain diront peut-être que cela n'a pu réellement se produire.

La notoriété de Ted s'accrut encore quand il vit son signal d'appel imprimé en page couverture du numéro de janvier 1922 de QST. Voici ce que disait la publication :

> L'épreuve de communications transatlantiques est un succès ! L'océan Atlantique a été franchi par les signaux émis par des radioamateurs américains – et pas seulement par un mais bien par des dizaines d'entre eux ! Paul F. Godley, envoyé outre-mer par l'ARRL avec du matériel américain, a installé une station réceptrice à Androssan, en Écosse, et là, a transcrit les signaux reçus des postes suivants : [la liste des postes à étincelles mentionnait « CAN. 3 BP Newmarket, Ont ».]

Dans ce numéro, on pouvait lire ce qui suit : « Pour la première fois dans l'histoire, des signaux émis par des postes amateurs des

États-Unis et du Canada ont été entendus outre-mer aux heures prévues. L'exploit a été réussi par un seul Canadien, 3BP, Rogers de Newmarket, sur un poste à étincelles en plus. » *Scientific American*, publication reconnue depuis longtemps comme un chef de file par les cercles amateurs et professionnels de la communauté scientifique, publiait ce qui suit dans son numéro de janvier 1922 : « Pour la première fois dans les annales de la radio amateur, des ondes courtes transmises par des postes de faible puissance sont captées outre-Atlantique. »

Deux ans après avoir remporté l'épreuve de communications transatlantiques, Ted Rogers réalisait une autre première en télégraphie amateur. Ayant reçu par radio une demande de F. Hogg de Londres qui disait : « Captez-vous des postes amateurs britanniques ? Répondez-moi le plus tôt possible, Br. 2SH », il la relaya à un télégraphiste du Minnesota. Celui-ci la transmit à Donald Mix, opérateur Marconi à bord du *Bowdoin,* un navire qui naviguait le long du cercle polaire arctique sous le commandement de l'explorateur Donald B. MacMillan du Maine. La nouvelle mérita un article en première page de l'édition du 18 décembre du *Toronto Star* sous le titre « Un radioamateur local relaye un message au navire de MacMillan dans l'Arctique. » Ted fut interviewé et cité dans l'article : « Je suis entré en contact avec un radio du Minnesota qui m'a assuré qu'il l'enverrait, et je crois que le *Bowdoin* le recevra. J'ai déjà été en contact avec deux radioamateurs français et trois britanniques. Je les ai entendus très distinctement. » Un autre article était intitulé : « Un amateur établit un nouveau record de communication radio – il réussit à converser avec l'Angleterre. » L'article disait : « Tôt samedi, E. S. Rogers de Toronto a réussi à établir ce que l'on croit être la première conversation d'un radioamateur avec l'Angleterre. Il travaillait sur une longueur d'onde de 100 mètres et pour autant que l'on sache, il s'agit d'un record en radio amateur tant au Canada qu'en Angleterre. »

Ted était maintenant adulte ; c'était un jeune « gentleman » de la bonne société. Il était grand, mesurant presque 1,80 mètre, surtout à cause de ses longues jambes, un trait de famille des Rogers. Mince et doté d'un sens inné de l'élégance, il s'habillait toujours à la dernière mode. Son épaisse chevelure noire était séparée sur le côté, laissant son haut front dégagé. Ses yeux bleus brillants et perçants dénotaient une vive intelligence. Son visage était de ceux qui accrochent le regard des dames, qui le trouvaient «plutôt plaisant à regarder». Un article paru en 1933 dans le *Toronto Star Weekly* le décrivait dans ces termes : «Jeune, élancé, le teint mat et si on ne peut dire qu'il est beau comme une vedette de cinéma, il a certainement belle apparence.»

Ce qui avait commencé comme un passe-temps d'adolescent s'était vite transformé en une véritable occupation qui ouvrait des portes au jeune Ted Rogers et lui faisait découvrir d'emballantes perspectives. Il s'était rapidement fait un nom dans les milieux de la radio amateur et avait avec le temps été reconnu comme un expert. Son signal, 3BP, était devenu familier partout en Amérique du Nord. Il avait développé des amitiés avec bien des gens, dont certains qu'il n'allait jamais rencontrer en personne. Son signal d'appel l'avait bien servi et, pour le souligner, il se fit faire une chevalière spéciale en or et fit graver 3BP sur le chaton. Il avait pu constater par lui-même l'impressionnante puissance et l'infini potentiel des communications sans fil. Il voulait améliorer la radio le plus possible, pour qu'elle soit appréciée et utilisée par les masses et non plus seulement par une poignée d'amateurs triés sur le volet. Comme il le disait dans l'interview de décembre 1921, la radio amateur lui «semblait la chose à faire». L'instinct qui l'avait naturellement poussé vers ce domaine lui valait des encouragements, des récompenses, l'attention des médias et des louanges de ses confrères. «Rogers» et «radio» étaient même des mots qui allaient bien ensemble. Maîtrisant les points et les traits du morse ainsi que les ondes sans fil de Marconi, le jeune Rogers se préparait à explorer la radio plus à fond.

THE CONSOLE

Rogers Super A/C Console Model

Type 100—5 tube set with loud speaker inbuilt. Equipped with 5 A/C Tubes and Rogers Patented Power Unit. Beautiful walnut cabinet all complete ready to plug into any light socket.

Price $370.00

Type 105—Same without "B" Eliminator and with space for "B" Batteries.

Price $310.00

Modèle haut de gamme des radios Rogers sans piles, en 1925.

Chapitre trois

LES ANNÉES FOLLES...

UN SON TOUJOURS MEILLEUR

Ted Rogers était prêt à prendre une part active au développement de la radio. Il ne se contentait pas d'utiliser les postes à galène existants, il travaillait sur les appareils et cherchait à les améliorer. Faisant de la radio en amateur depuis des années, il en possédait une grande connaissance directe. Et comme il lisait avidement des revues techniques et des publications spécialisées qu'il faisait venir de New York, il estimait être suffisamment armé pour faire son entrée officielle dans le domaine. Tout en réussissant bien ses cours et ses examens, il était loin d'être satisfait du programme d'études sur la radio offert à l'Université de Toronto. Il quitta donc l'école à la fin de sa deuxième année. Il ne souhaitait qu'une chose : continuer à se perfectionner en radio amateur. Son souhait se trouva exaucé lorsqu'il fut embauché comme technicien par la Canadian Radio Corporation, une division de la Canadian Independent Telephone Company Limited ou CITCO, elle-même une filiale de la Canadian General Electric Company. Pour ce jeune homme de 21 ans, c'était la consécration, car la CITCO était le premier fabricant de matériel radio de Toronto et un chef de file dans son domaine. Dans le laboratoire situé à l'angle de l'avenue

Wallace et de la rue Ward, Ted acquit sa première expérience pratique en radiotechnique commerciale. Il travaillait sous la direction de Charles Culver, un monsieur à lunettes d'une grande érudition originaire de la Pennsylvanie. Bien connu dans les cercles de la radio et de la téléphonie au Canada, Culver occupait le poste d'ingénieur en chef des communications hautes fréquences à la CITCO depuis mai 1920. Travailler à ses côtés ne fit qu'accroître l'intérêt déjà passionné de Ted pour la radio. Celui-ci se réjouissait de la chance qui lui était donnée d'«apprendre avec les meilleurs», et il en profita pleinement. En novembre 1923, en tant qu'ingénieur à l'emploi de la CITCO, Ted Rogers déposait sa première demande de brevet pour un dispositif de couplage variable syntonisé entre étages qu'il avait inventé. Le brevet 268909 du Dominion du Canada lui fut accordé en mars 1927.

En décembre 1923, la CITCO dut déclarer faillite. Alors que d'autres auraient pu trouver que la situation était décourageante et peut-être même sans issue, Ted y vit une occasion favorable. Trois mois plus tard, il acquérait avec son père les avoirs de la CITCO touchant la radio et créait la Rogers Radio Company, société qui se définissait à l'origine comme «fabricants de matériel radio». La nouvelle société avait ses bureaux administratifs au 56, rue Church, local 405, dans l'édifice de l'Imperial Oil. Toujours président de cette dernière entreprise, Albert Rogers avait son bureau juste au bout du corridor. C'est à lui que revint le poste de président de la Rogers Radio Company. Ted fut nommé vice-président et le cousin Samuel Rogers fut chargé de s'occuper, en tant que secrétaire, des questions d'ordre juridique.

Ce partenariat qui permettait au père et au fils de travailler ensemble avait un autre bon côté. Albert S. Rogers souhaitait que son fils suive ses traces et celles de son propre père et devienne un homme d'affaires. Si l'industrie pétrolière ne convenait pas, Albert espérait que Ted occuperait au moins un poste de direction dans un autre domaine. Ted, quant à lui, éprouvait une intense fascination pour la radiotechnique. Il souhaitait y faire carrière et demeurer du côté technique des opérations. La création de la Rogers Radio

En haut : Ted Rogers enfant, puis avec sa sœur Katherine et son frère Elsworth (à droite)
Ci-dessus : Elsworth, Ted et Katherine pêchant avec leur mère, Mary, à Pointe-au-Baril, à la baie Georgienne
À gauche : Les enfants Rogers tenant des brochets

Jan. 28, 1915.

PICKERING COLLEGE
1842
P. C.

Dear Mother,

Arrived all right. I bought some eats down in the down the other day and had a swell feed. Had a pound of sausage, jam, bread, cheese, cocoa. I have found the art of making cocoa now. It certainly was good. The sausages were fried great on the electric stove. The only trouble is, is that I can't get the smell of fried sausages out of my room. I have tried by airing it ...

Ci-dessus : Ted Rogers et sa mère à la maison familiale où Ted a passé son enfance, au 49, avenue Nanton, dans le quartier torontois de Rosedale

À gauche : Lettre de Ted Rogers adressée à mère au cours de sa première année au col. Pickering, en 1915

Ted adolescent

Page ci-contre : Ted Rogers à bord du yacht familial Arbie
À gauche : Page d'un cahier de Ted Rogers, où il notait entre autres ses expériences en électricité

Ci-dessus : Vue du studio télégraphique de Ted au 103, chemin Poplar Plains, vers 1922
À droite : Première page du brevet accordé en 1925 pour le tube redresseur à courant alternatif Rogers

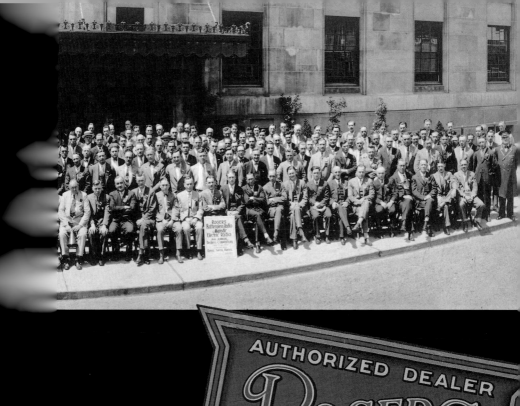

En haut : Photo panoramique prise lors du congrès des concessionnaires Rogers-Majestic, en juillet 1929, où Ted apparaît au centre de la première rangée. Ce fut le premier congrès d'affaires tenu au tout nouvel hôtel Royal York.

À gauche : Publicité pour le premier récepteur radio Rogers, 1925

Ci-dessus : Décalque pour vitrine indiquant aux consommateurs les endroits où ils pouvaient trouver les appareils radio Rogers sans piles

En 1922, Ted Rogers travaillait comme ingénieur de l'unité mobile exploitée par CFCA, *la première station de radio commerciale de Toronto, qui appartenait au* Toronto Star.

Company satisfaisait les intérêts des deux. Albert était heureux d'établir Ted à un poste de responsabilité, où il devrait s'occuper des décisions d'affaires, de la fabrication de produits, de la promotion, des budgets et de la gestion des employés, tandis que Ted était heureux de pouvoir demeurer dans la profession qu'il avait choisie tout en conservant l'appui de son père.

Ted Rogers était désormais à la tête de sa propre entreprise de radio. Il aurait normalement dû déborder d'enthousiasme à l'idée des possibilités quasi illimitées qui s'offraient à lui. Il possédait les compétences, le talent et le savoir. Il lui manquait toutefois un produit, un moyen de contribuer concrètement à faire progresser l'utilisation de la radio. Il se fixa une première tâche monumentale. Depuis les débuts de la radio, le plus grand problème de ce média avait été l'alimentation. À l'époque, les récepteurs étaient alimentés par des piles sèches A, B et C à courant continu. Ces piles étaient peu maniables et plutôt inesthétiques, car elles étaient reliées les unes aux autres par tout un fatras de fils. Elles perdaient de l'acide qui tachait les tapis, elles devaient être rechargées et lorsqu'elles fonctionnaient, elles produisaient un ronflement qui interférait avec les sons émis par le haut-parleur. Et pour comble, lorsque la pile B devenait faible, elle émettait un sifflement strident. Les piles et leurs inconvénients constituaient le plus important obstacle à l'adoption généralisée de la radio comme moyen de divertissement au foyer et à la poursuite de son développement. La radio était vraiment un loisir plein d'irritants.

Le premier objectif de Ted Rogers fut de trouver une nouvelle source d'alimentation pour éliminer les problèmes liés aux piles à courant continu. La solution qui tombait sous le sens et qui était la plus facilement accessible avait été inventée par Thomas Edison et Nikola Tesla entre 1880 et 1883 : la distribution d'électricité. Ted savait que la clé de l'énigme se trouvait à l'intérieur du tube radio. Il écrivit d'ailleurs en 1932 : «Le tube est, peut-être, la composante la plus essentielle de la radio. Sa découverte a sonné le glas du vieil appareil à galène tellement éprouvant pour les nerfs et nous a donné accès à une source de divertissement permanente et fiable.» La mise au point d'un tube récepteur qui pourrait être alimenté par le courant alternatif domestique de 110 volts simplifierait tout et éliminerait pratiquement tous les problèmes liés aux piles à courant continu. Dans une lettre écrite à son beau-frère Jay Garner dans les années 1920, Ted disait : « Maintenant, nous allons fabriquer un tube qui fonctionnera directement à partir du courant alternatif servant à l'éclairage domestique pour remplacer les piles sèches et les batteries d'accumulateurs utilisées présentement, et ce sera un succès assuré, car il n'y a rien d'équivalent sur le marché pour l'instant. »

Rogers savait qu'il aurait à affronter une formidable opposition de la part des gens de la radio. Sceptiques quant à l'utilisation du courant alternatif, les autres ingénieurs raillaient son idée et préféraient s'en tenir aux piles éprouvées. « Impossible ! », disait-on à Ted. On supposait que l'utilisation du courant alternatif pour chauffer le filament du tube produirait un ronflement qui serait dérangeant et, qui plus est, presque assourdissant et que ce bruit couvrirait certainement le signal radio. Ted possédait la même détermination que tous les Rogers, et lui dire qu'une chose était irréalisable ne pouvait que l'aiguillonner à poursuivre son idée.

En avril 1924, Ted Rogers quitta Toronto afin de rassembler de la documentation et des connaissances en vue du travail qu'il allait entreprendre sur le tube à courant alternatif. Il se rendit à Pittsburgh, en Pennsylvanie, au laboratoire de recherches en électronique de la Westinghouse, où il rencontra l'inventeur américain Frederick S. McCullogh. Celui-ci faisait des expériences sur le tube à courant alternatif et il montra à Rogers un plateau rempli de tubes expérimentaux dont aucun ne fonctionnait. Les problèmes auxquels se butait McCullogh étaient ceux-là mêmes que craignaient les autres ingénieurs radio – le fil chauffant ne fonctionnait pas de façon satisfaisante. Ils travaillèrent ensemble pendant une courte période. Prévoyant de possibles litiges puisqu'ils travaillaient tous deux à la même idée, Ted rentra chez lui avec, en poche, les droits canadiens sur le tube expérimental, qu'il avait achetés à McCullogh pour la coquette somme de 10 000 $. Il avait l'intention, une fois de retour à Toronto, de développer ce tube et d'en faire un dispositif exploitable.

Jour après jour, nuit après nuit, Ted s'acharna à mettre au point le tube à courant alternatif. Il essayait une méthode, une autre, encore une autre. Chaque étape franchie faisait naître une lueur d'espoir et le rapprochait du but. Le 1er août 1924, il y arriva ! Ted Rogers avait inventé le tube expérimental 15S avec filament-cathode isolé qui ne produisait aucun ronflement. Le 15S avait une hauteur totale de 12,7 centimètres. La partie du haut, soit les trois quarts du tube, était constituée par un cylindre de verre fermé protégeant les minuscules éléments de métal, dont les plus apparents étaient une gaine cylindrique entourant le filament et des fils. Sous la base ronde en laiton brillant sortaient quatre broches. Sur le dessus, deux fils nus pointaient à l'extérieur par un trou dans le verre du tube. Le tube 15S ressemblait à une version miniature et allongée des capsules spatiales que les missions Apollo de la NASA rendraient célèbres une quarantaine d'années plus tard. Ted Rogers venait d'inventer le premier tube redresseur simple à courant alternatif. L'isolant amélioré utilisé dans ce tube innovateur formait un écran électromagnétique et électrique entre les circuits d'entrée et de sortie et le filament, ce qui éliminait presque complètement le ronflement du courant alternatif. On peut imaginer Ted se rappelant les remarques que lui avaient faites les sceptiques à l'esprit étroit. Il venait tout juste de prouver que « ça *pouvait* être fait ».

Ted n'était pas du genre à se reposer sur ses lauriers. Le 15S était viable, mais il n'était qu'une partie d'un tout. En faire une utilisation efficace était une tout autre histoire. L'accueil réservé à son invention par l'industrie canadienne de la radio fut à l'époque plutôt tiède. Pour utiliser ce nouveau tube à courant alternatif, il fallait adapter l'outillage des usines et modifier les appareils récepteurs afin que l'on puisse y intégrer la nouvelle source d'alimentation. Les fabricants de piles étaient bien sûr les moins intéressés puisque cette innovation signifiait la perte potentielle d'une grande partie de leurs revenus. De nouveau confronté à l'adversité, Ted Rogers persévéra. Au cours de l'hiver 1924-1925, il s'isola avec une poignée d'ingénieurs dignes de confiance dans un laboratoire improvisé. Ils voulaient procéder à d'autres tests et expériences avec comme objectif, cette fois, d'inventer un poste récepteur qui pourrait fonctionner avec les nouveaux tubes Rogers. Ils essayèrent l'un après l'autre divers schémas de circuit et différentes combinaisons de transformateurs et de condensateurs pour le châssis interne. En février 1925, même si les travaux se poursuivaient, Ted fit une demande de brevet pour son tube redresseur à courant alternatif. Il avait inclus dans sa demande des schémas qu'il avait dessinés à la main et qui expliquaient le fonctionnement de son invention. Le 16 juin, on lui accordait le brevet 250174 pour son tube. Il avait écrit dans sa demande : « Mon invention inclut la production d'un redresseur qui peut servir à assurer l'alimentation anodique de tubes thermo-ioniques (émetteurs d'électrons) directement à partir d'une source de courant alternatif de fréquence commerciale, comme 25 ou 60 cycles, sans engendrer de perturbation dans les circuits de réception ou de transmission radio dans lesquels les tubes sont utilisés. »

Le 8 avril 1925, un nouveau jalon historique était posé : le premier appareil radio entièrement électrique venait d'être fabriqué. Il fonctionnait à l'aide de cinq tubes à courant alternatif et du bloc d'alimentation « B-Eliminator » de Rogers. On appela par la suite cet appareil le modèle 120. Son cordon d'alimentation se terminait par un embout en métal fileté qui pouvait se visser dans une douille d'ampoule électrique. En 1925, il n'y avait pas de prises de courant dans les maisons, l'électricité ne servant qu'à l'éclairage. Il fallait donc enlever une ampoule et visser à sa place le cordon d'alimentation de la radio. Ainsi, le câblage de la maison formait un vaste réseau d'antenne. Les sons obtenus étaient clairs, sans aucun parasite. Les gens pouvaient capter des émissions provenant de partout en Amérique du Nord.

Encore une fois, Ted Rogers affirma son sens aigu des affaires quand, le 13 mai 1925, il créa avec son père Albert et son frère Elsworth la Standard Radio Manufacturing Corporation Limited. Cette société avait la même équipe de direction que la Rogers Radio Limited et en était le volet production radiophonique. Elle occupait quatre étages d'une superficie de 2800 mètres carrés chacun, dans un ancien entrepôt de la T. Eaton Company situé au 90, rue Chestnut, à

Toronto. On mit en place des mesures de sécurité draconiennes ; seules les personnes nommément autorisées par Ted Rogers pouvaient pénétrer dans l'usine. Le logo de la société représentait un tube à courant alternatif entouré des lettres « S », « R » et « C » et relié par un mince fil à un luminaire à trois ampoules.

L'un des premiers gestes de la Standard Radio fut d'obtenir la propriété de tous les brevets canadiens se rapportant aux appareils radio De Forest, ce qui lui donnait accès à toutes les modifications faites aux États-Unis par Lee De Forest depuis 1916 dans le domaine de la radio. En juin, la Standard Radio commença la mise en marché du système « B-Eliminator » et du transformateur mis au point par Rogers. Ces dispositifs étaient munis des tubes RX-100 de marque Rogers, tubes redresseurs à courant alternatif trapus et arrondis qui ressemblaient à des ampoules. Agissant comme des convertisseurs de puissance, ils permettaient aux appareils radio de fonctionner à partir du courant alternatif domestique standard plutôt qu'avec des piles de type B. Le technicien A. Oxley, qui avait testé le B-Eliminator (éliminateur de piles B) dans le laboratoire du magazine *Radio*, disait dans son rapport publié dans le numéro de juillet 1925 :

L'éliminateur de piles B de marque Rogers soumis aux tests s'est acquitté de façon satisfaisante de toutes les fonctions mentionnées dans la publicité. Les boutons de commande spéciaux permettent un réglage toujours uniforme et parfait, que la tension soit minimale ou maximale. Dans un test réel effectué dans des conditions normales, nous avons pu faire fonctionner à notre satisfaction tous les appareils soumis à l'essai. Notre échantillon comprenait des appareils à quatre, cinq, six et sept tubes ; chaque fois, le courant et la tension obtenus étaient amplement suffisants. Un autre test a été effectué en combinant 12 tubes et, encore une fois, le fonctionnement a été satisfaisant. Testé dans des conditions encore plus rigoureuses, l'appareil a fonctionné parfaitement. Le courant qui passe par l'éliminateur est parfait à cent pour cent puisqu'il ne produit aucun ronflement ni aucune fluctuation. Ce facteur étant la chose la plus importante à considérer dans l'évaluation du bon fonctionnement d'un appareil récepteur, nous recommandons sans hésiter l'éliminateur de piles B aux utilisateurs d'appareils radio. Il constitue un ajout fiable et utile aux appareils récepteurs haut de gamme. Nous considérons son avènement comme un progrès pour la science de la radio.

Les concessionnaires d'appareils radio reçurent des éliminateurs afin de pouvoir les essayer et d'en faire la démonstration aux clients intéressés. La première publicité d'un éliminateur Rogers parut sur la couverture intérieure du numéro de juillet 1925 du magazine *Radio News of Canada*, et une brochure publicitaire fut également produite au même moment. Le dessin représentait un engin rectangulaire qui ressemblait à une boîte de bois avec deux tubes qui dépassaient sur le dessus, à l'arrière ; on voyait clairement sur le devant les boutons de commande de l'amplificateur et du détecteur. Le nom « Rogers » était écrit en élégantes lettres italiques noires au haut de l'annonce. En dessous, on pouvait lire « B Eliminator » dans un bandeau droit. Le prix de détail était de 60 $.

Grâce à cet instrument de conception et de fabrication canadiennes, les piles de type B n'étaient plus nécessaires. Depuis un certain temps déjà, les ingénieurs radio cherchaient une façon de convertir le courant électrique servant à l'éclairage en courant d'alimentation pour la radio, se disant que ce serait le plus grand progrès de l'évolution de la radio. Et voilà que l'éliminateur de Rogers faisait son entrée sur le marché. On le présentait comme le plus récent progrès scientifique dans l'évolution de la réception radio. Avec cet appareil, on disposait d'une source d'énergie constante et fiable qui augmentait considérablement la puissance de réception d'un appareil. Plus besoin, désormais, de recharger ou de remplacer les coûteuses piles. Mieux encore, on profitait d'une réception plus claire. Son fonctionnement était à toute épreuve. De conception robuste, l'éliminateur pouvait résister à une utilisation prolongée.

Le 26 août 1925, Ted apporta au tube expérimental 15S des modifications qui permirent de le commercialiser et de le produire en série. Alors que le 15S avait une base en laiton, le nouveau tube, le « Rogers

Type 32 », avait une base de plastique brillant et une coiffe circulaire également en plastique. Une tige de connexion en T servant à relier les cordons du transformateur au tube remplaçait les fils nus du tube 15S. À l'avant, les mots « Rogers Type 32 » étaient imprimés sur le verre.

La Standard Radio commença la production en série des premiers récepteurs radio sans piles, les « Rogers Batteryless Radio Receiving Set », une gamme d'appareils pour la maison conçue et mise au point par Ted Rogers. Il est intéressant de noter que Ted et la Standard Radio ont calqué le nom « Batteryless Radio » ou « radio sans piles » sur la façon dont on désignait l'automobile en 1903, « Horseless Carriage » ou « voiture sans chevaux ». Grâce à Ted Rogers, le Canada devint un leader en radiotechnologie. Les appareils radio entièrement électriques ne firent leur apparition aux États-Unis qu'en mai 1926 et en Europe, qu'en 1927.

L'appareil Rogers était offert en version meuble et en deux modèles de table. Joyau de la gamme inaugurale, le modèle 100 était un meuble plutôt carré, au design racé et élégant. Il était muni d'un haut-parleur et fixé à une plate-forme reposant sur quatre pattes délicates. Le modèle 110 était un appareil de table identique au modèle 100, sans les pattes. Quant au modèle 120, dont la fabrication remontait au mois d'avril et qui était donc le tout premier appareil radio entièrement électrique, c'était un modèle rectangulaire auquel il fallait ajouter un haut-parleur à pavillon.

Aux consommateurs qui n'avaient pas l'électricité, la société offrait des appareils Rogers fonctionnant à piles dont les numéros de modèles allaient de 20 à 90. Les modèles 130 et 135 étaient des appareils sans piles à trois tubes auxquels on pouvait ajouter des piles B. Ces modèles pouvaient être considérés comme des appareils semi-électriques et, pour cette raison, ils coûtaient moins cher. Les prix allaient de 110 $ à 370 $ pour les appareils sans piles et de 38,50 $ à 130 $ pour les appareils à piles. Les coffrets contenant les récepteurs étaient en beau noyer foncé épais, robuste et résistant. Le couvercle s'ouvrait pour donner accès au châssis auquel étaient fixés les tubes, les transformateurs et les autres composantes. Pour aider l'utilisateur à faire bon usage de son appareil, les directives d'utilisation étaient inscrites sur une feuille de papier épais agrafée à l'intérieur du couvercle. À l'extrême droite de cette feuille, le propriétaire pouvait écrire dans trois colonnes prévues à cette fin les jeux de fréquence, les signaux d'appel et les emplacements des stations de diffusion que l'appareil pouvait capter. Les tubes à courant alternatif Rogers étaient alignés dans leurs douilles boulonnées à l'avant du châssis interne en acier noir. Des fils isolés les reliaient à l'éliminateur de piles B qui, dans ce cas, était en métal plutôt qu'en bois comme dans les versions précédentes. L'éliminateur était placé à l'arrière du châssis et il comprenait les tubes redresseurs ainsi que les réglages de chaleur et de voltage. Les boutons de commande permettant de syntoniser les stations avec précision étaient placés sur le devant de l'appareil, lequel était en bakélite noire polie. En haut et au centre de la plaque avant était gravée l'inscription «Rogers Batteryless Super A/C».

Il peut être utile, pour faire bien comprendre la position de la Standard Radio sur le marché, de rappeler les prix qui avaient cours à l'époque. Les appareils à piles fabriqués par les concurrents coûtaient entre 49,50 $ et 170 $ pour les modèles de table et 160 $ pour les meubles modèle réduit. Les appareils à piles A se détaillaient 12,98 $ et les haut-parleurs étaient en général vendus entre 27 $ et 35 $. On pouvait devenir l'heureux propriétaire d'une automobile Chrysler pour 2 210 $. Une croisière sur les Grands Lacs entre Toronto et Cleveland coûtait 13,90 $, ou 20 $ si on incluait une visite des Mille-Îles. Le locataire d'un appartement de cinq chambres à coucher sur le chemin Lonsdale payait un loyer mensuel de 80 $. Le salaire annuel réel d'un professeur était de 1 000 $.

Après avoir engagé la QRS Music Company of Canada comme représentant en Ontario et au Québec, la Radio Corporation of Winnipeg au Manitoba, la Canada West Electric Company en Saskatchewan et en Alberta et la Radio Corporation of Vancouver en Colombie-Britannique, la Standard Radio Limited commença à distribuer ses appareils presque à la grandeur du pays. Les radios sans piles Rogers étaient décrites comme des «radios miracles». Elles étaient vendues dans les magasins de la chaîne Simpson's, première chaîne de magasins de détail à s'associer à la compagnie.

Les frères Frederick et Burdick Trestrail avaient fondé la QRS Music Company of Canada en novembre 1924. Il s'agissait de la division canadienne de la QRS of Chicago, une entreprise d'avant-garde spécialisée dans les produits dérivés du spectacle musical, qui distribuait des radios, des pièces de radio, des phonographes, des pianos mécaniques et de la musique en rouleau. Leurs bureaux et leurs salles de montre étaient situés au 690, rue King Ouest, à Toronto. Voici ce que disait un article au sujet de l'alliance Standard Radio-QRS Canada paru dans le numéro d'août 1925 du magazine *Radio Informer* : «Cette nouvelle gamme de postes de radio, qui va sans aucun doute faire fureur dans ce secteur d'activité commerciale, sera surveillée avec grand intérêt.» Ce fut le début d'un long partenariat réciproquement avantageux entre Ted Rogers et les Trestrail.

Au même moment, la Standard Radio présentait le logo associé aux radios sans piles Rogers. Le nom «Rogers» était écrit en gros caractères gras ascendants, la patte inclinée du R reliée par une boucle à la courbe allongée du S. À l'intérieur du mot «Rogers», «batteryless» s'étalait sur un ruban déployé. Sur le côté était écrit «A/C», dans la courbe inférieure du S de «Rogers» et en dessous, on pouvait lire «Radio Receiving Sets». Le logo fut présenté en tant que symbole autonome. Il était également reproduit en blanc sur un rectangle noir bordé d'un élégant encadré. En avril 1926, on lui assigna le numéro de marque de commerce déposée du Dominion du Canada 179/39693. La Standard Radio commença à faire la promotion des radios sans piles Rogers avec le slogan «Branchez – et syntonisez!» («Just Plug In – Then Tune In!»). Ce slogan était souvent accompagné du dessin d'une jeune femme souriante à l'allure moderne, les cheveux coupés court, au carré, qui branchait son appareil Rogers modèle 100 dans une douille de lampe. En anglais, le «g» du mot «Plug» était grossi et étiré pour ressembler à un luminaire.

Par la suite, les slogans mentionnaient «It CAN be Done!» («Ça peut se faire») pour souligner les réalisations vraiment exceptionnelles de Ted Rogers.

L'Exposition nationale canadienne commença à Toronto le 29 août. Ce fut l'occasion choisie pour faire la première démonstration publique des postes de radio sans piles Rogers. À cette foire canadienne de l'ingéniosité et des loisirs, ces appareils étaient présentés dans deux stands, dont celui de la Standard Radio, le 94-A, dans l'aile sud de l'édifice consacré à l'industrie. Ce stand avait pendant longtemps été celui de la CITCO, et Rogers avait hérité des droits d'utilisation après l'acquisition de la société. Les radios Rogers faisaient également partie des articles exposés au stand de la QRS Music Company, dans l'édifice consacré à la musique. Les lecteurs du numéro de septembre de *Radio News of Canada* purent lire un article en première page intitulé « La radio à l'Exposition nationale canadienne ». On avertissait les lecteurs : « Tous les amateurs de radio devraient visiter le stand de la Standard Radio Company, car on y présente de nouveaux produits vraiment intéressants. »

La Standard Radio publia la première annonce publicitaire pour les radios Rogers dans l'édition du 3 septembre 1925 du *Toronto Star*. L'annonce de trois quarts de page présentait le logo et le slogan des appareils Rogers ainsi que des dessins des différents modèles. La Standard Radio fit également publier une grande annonce sur deux pages dans le magazine *Radio* et elle produisit son premier feuillet publicitaire.

À la suite de l'énergique campagne de marketing et de distribution menée en septembre, les radios Rogers furent vendues chez 17 concessionnaires de meubles et d'appareils radio de Toronto durant ce seul mois. La Standard Radio poursuivit son offensive et invita les lecteurs du *Globe* de Toronto à écouter la description en direct et commentée du match de la Série mondiale de baseball entre Pittsburgh et Washington sur des appareils Rogers, chez leur concessionnaire Rogers.

Bien sûr, le succès de l'entreprise reposait entièrement sur la réponse des consommateurs aux nouvelles radios. Si le public se prenait d'engouement pour elles, l'affaire serait un succès ; cependant, si les appareils étaient considérés comme une fantaisie ou une toquade, l'aventure pourrait bien s'arrêter là. Les lettres envoyées à

Standard Radio, à QRS Canada ou aux journaux par des clients franchement impressionnés dissipèrent toute crainte qui pouvait subsister. Les premières louanges spontanées vinrent du *Toronto Star*. Dans la page consacrée à la radio du numéro du 18 août 1925, un journaliste écrivait : « Le *Star* a été l'invité de M. Maurice Fiegehen, 37, chemin Grenadier, qui, à l'aide d'un récepteur à amplification directe comportant cinq tubes à vide, fonctionnant à partir d'une douille de lampe et n'utilisant aucune pile ni antenne, a été capable de syntoniser plus de 25 stations émettrices. »

La Long and Wilson Hardware Company de Walkerville, en Ontario, fit parvenir un appareil Rogers à un ingénieur radio pour un essai de qualité indépendant. Sa réponse parut en septembre 1925 dans le *Border Cities Star* publié à Windsor :

> *Je recommande l'appareil sans piles.*
> J'ai bien reçu le récepteur de radiodiffusion à courant alternatif Rogers que vous m'avez envoyé à des fins d'examen et de critique. J'étais convaincu qu'on aurait sacrifié certains aspects, comme l'insonorisation ou bien la portée et la sélectivité, afin de profiter du grand avantage de pouvoir utiliser le courant servant à l'éclairage domestique pour les tensions « A » et « B », particulièrement à la fréquence de 25 cycles. Je dirai que les résultats obtenus avec cet appareil, la grande portée, le volume et la sélectivité ont été pour moi une révélation absolue. Je n'ai constaté aucun signe de l'utilisation du courant alternatif sur le filament ou sur la plaque. En fait, ces tensions sont plus stables que celles que l'on obtient avec les piles. Quant à sa portée, son volume, etc., je peux dire que ce que l'on affirme au sujet de cet appareil n'est pas le moins du monde exagéré. Selon mon estimation, on élimine au moins 90 pour cent des problèmes habituels de la « radio » en remplaçant les piles par des tubes. Je passe sous silence le fouillis de fils, la corrosion des bornes, la nécessité de charger les piles et de nombreux autres inconvénients, surtout quand ces problèmes sont éliminés sans sacrifier le moins du monde la capacité de réception de l'appareil.

Sans hésiter, je recommanderais cette radio aux plus exigeants amateurs de radio, et je suis certain que la demande future de cet appareil confirmera mes conclusions.

Respectueusement vôtre,
W. J. Carter

Voici des extraits d'autres lettres :

STANDARD RADIO CORPORATION

Messieurs,
Ayant vu votre stand à l'Exposition nationale canadienne, […] j'ai acheté un appareil Rogers à trois tubes en novembre dernier et j'ai obtenu jusqu'à maintenant des résultats vraiment exceptionnels. J'ai capté entre 115 et 120 stations, y compris KFI Los Angeles, KOA Denver, WBAP Fort Worth, WOAW Omaha, WSMB Nouvelle-Orléans, WSUI Iowa City, WFAA Dallas, WOAI San Antonio, WGHB Clearwater, Floride, CFCY Charlottetown, trois stations de Montréal, etc., etc.

Outre la possibilité de faire de l'écoute DX, cet appareil offre un signal sonore et un volume meilleurs que ce qu'on obtient avec les autres appareils à trois tubes dont j'ai entendu parler. De fait, bon nombre d'appareils à cinq tubes ne se comparent pas à votre « trois tubes ».

En plus, la syntonisation est tellement facile avec cet appareil que lorsque la soirée est bonne, je peux mettre le volume raisonnablement bas et syntoniser station après station d'une seule main, en ne me servant que du sélecteur de stations. L'élimination des piles, le coût abordable de l'énergie électrique et la longue durée de vie de vos merveilleux tubes à courant alternatif font de l'appareil Rogers quelque chose d'extraordinaire et de difficile à battre à quelque prix que ce soit.

Veuillez accepter mes sincères salutations,
Gilbert Stagg.

M. Frank Wood, le 9 décembre 1925

Cher Frank,

Je suis très content du poste de radio sans piles Rogers modèle
120 que vous avez installé chez nous.

Mme Kingston et moi-même n'avons jamais aimé les radios
ordinaires à cause de tout le fatras de fils qu'elles comportent et
de tout le cirque au sujet des piles, des chargeurs, etc. Ce fut une
révélation pour nous de constater que l'appareil Rogers fonctionne parfaitement sans antenne ni piles d'aucune sorte. En fait,
même si j'ai déjà écouté plusieurs marques d'appareils radio à
divers moments, je n'en ai jamais entendu un qui se compare avec
le Rogers en ce qui a trait à la tonalité, au volume ou à la distance
et je suis satisfait de mon appareil à tous points de vue.

Je vous prie d'accepter mes cordiales salutations,
J. D. Kingston
Directeur, hôtel Iroquois

Une porte avait été ouverte. Les gens pouvaient désormais jouir
d'un confort et d'un luxe impressionnants en matière d'appareils
radio pour la maison. Même si les fils, les mécanismes et le fonctionnement en tant que tels demeuraient un mystère insaisissable sauf
pour les techniciens, le fait que la réception soit désormais un peu
plus simple avait un grand impact. En prime, aucune des caractéristiques de base n'avait été sacrifiée et elles avaient même été
améliorées.

Ted Rogers fit l'objet d'un article dans l'édition du 25 novembre
du *Globe*. L'article était accompagné d'une photo et s'intitulait : « Il
met au point un nouveau type de récepteur radio ». Ted, en complet
trois pièces seyant et l'air étonnamment jeune, fixait l'objectif avec
confiance. La légende disait notamment : « Il a beaucoup contribué au
développement de la radio, le joyau de ses réalisations étant un
appareil récepteur alimenté à même le courant alternatif qui sert à
l'éclairage ordinaire. » Ce même mois, la Standard Radio faisait passer

une publicité couleur pleine page particulièrement accrocheuse dans le magazine *Maclean's*.

L'arrivée du mois de décembre marqua pour Ted Rogers et son nouveau récepteur radio sans piles la fin d'une année incroyable. Elle apportait également une nouvelle vague d'attention médiatique. La Standard Radio et l'appareil Rogers firent en effet l'objet d'un article de trois pages dans le magazine *Radio*. L'article s'intitulait «Romance à la radio : l'appareil sans piles Rogers établit une nouvelle norme pour tout ce qui touche les principes et la réception radio». Le long article était accompagné de diverses photos : une de l'édifice de la Standard Radio, situé au 90, rue Chestnut ; une photo de groupe des dirigeants et des employés de la compagnie devant l'édifice, Ted Rogers assis devant et entouré de ses partenaires ; une photo de l'aile administrative où l'on voyait les secrétaires, et une photo de l'usine avec les ingénieurs. La légende de cette dernière disait : «Lieu de rencontre de la science et de la machinerie». Le dernier paragraphe était particulièrement élogieux : «Le Canada peut être fier de l'appareil radio Rogers sans piles, car il représente une contribution extraordinaire au développement et à la simplification de la radio.»

Ted Rogers avait marqué de façon indélébile le monde de la radio. Avec son extraordinaire tube d'alimentation, c'en était fini des piles à courant continu ; les problèmes associés à leur utilisation seraient bientôt choses du passé. Grâce à lui, les gens pouvaient profiter de la radio comme on en rêvait à peine auparavant. La prédiction qu'il avait faite à son ami Jay − «Je crois que ce sera un succès assuré, car il n'y a rien d'équivalent sur le marché jusqu'à maintenant.» − se réalisait. Le tube à courant alternatif Rogers et son compagnon, l'appareil radio sans piles Rogers, révolutionnaient le divertissement au foyer et offraient aux auditeurs canadiens un niveau de perfectionnement inégalé jusqu'alors. Ted avait prouvé que non seulement «Ça pouvait être fait», mais que «Ça pouvait être fait et bien fait». Et il ne faisait que commencer…

CFRB

1937

THE KEY TO CANADA'S RICHEST MARKET

YEAR BOOK
&
RADIO LOG

25 CENTS

Chapitre quatre

EN ONDES !

En faisant le point, en cet été 1926, Ted Rogers comprit que sa situation était tout à fait favorable et même enviable. La société Standard Radio Manufacturing demeurait le fournisseur exclusif des récepteurs radio sans piles Rogers au Canada, et ces appareils étaient aussi bien reçus par les détaillants que par les consommateurs. Une publicité parue à la fin de 1925 et au début de 1926 annonçait une « année sans piles ». Déjà, cette prédiction se confirmait, car les appareils à piles commençaient à paraître démodés. Ce succès était certes encourageant, mais l'ambition de Ted le poussait à se demander comment il pourrait accroître sa présence dans l'industrie de la radio. Il trouva la réponse dans la radiodiffusion sans fil, qui avait été sa première passion et qui lui avait fait prendre contact avec la science.

Depuis l'époque où il avait construit, 12 ans auparavant, son premier récepteur à galène dans le grenier de la maison paternelle, il s'était efforcé de devenir un expert dans le domaine. Il eut un premier contact avec la radiodiffusion commerciale à l'occasion de son embauche comme technicien à CFCA, la première station de radio à Toronto. À l'aide du matériel fourni par la CITCO, Ted avait participé, en février 1922, au montage de la station 9AH, dont le propriétaire et exploitant était le *Toronto Star*. Un mois plus tard, 9AH changeait d'indicatif pour CFCA, ce qui signifiait Canada's First Covers America, et devenait la première station de radio appartenant à un quotidien au Canada. Lorsqu'elle commença à émettre, le 28 mars, la station CFCA devint un pionnier de la radio commerciale au Canada. (La Compagnie Marconi Canada avait établi le premier radiodiffuseur canadien à Montréal à l'été 1919.) CFCA émettait depuis les studios installés dans l'édifice du *Toronto Star* au 18, rue King Ouest. Deux tours d'acier de 24,5 mètres entre lesquelles étaient tendus 450 mètres de câbles apportaient une nouvelle dimension au profil de la rue King.

Une innovation propre à CFCA était sa «radio motorisée». Une camionnette de livraison Ford avait été convertie par les ingénieurs de la CITCO en station de radio ambulante. Unique en son genre au Canada, l'unité mobile du *Toronto Star* était munie d'un équipement de réception et d'un amplificateur spécial à haute puissance. Une antenne à bobine de 1 mètre était enchâssée dans un tube métallique qui se dressait au-dessus des portières arrière du véhicule. Un haut-parleur en cornet CITCO était monté sur une boîte au-dessus de la cabine du conducteur. Identifiée par l'inscription «Radio Station No. 1 The Toronto Star» peinte de chaque côté en noir sur blanc, la camionnette sillonnait la ville et s'arrêtait à Sunnyside Park, à l'Exposition nationale canadienne, sur les plages et partout où il y avait des attroupements. Une fois stationnée, elle attirait les gens grâce à la musique que déversait son haut-parleur.

Ted Rogers avait travaillé aux émetteurs situés au 18, rue King Ouest, ainsi qu'au fonctionnement de l'unité mobile, dont Foster Hewitt était le reporter attitré. Relevant du chef opérateur, il apprenait à travailler avec du matériel beaucoup plus perfectionné que son petit poste télégraphique. Au cours de cette période, il travailla à la fois comme technicien au service de CFCA et comme ingénieur pour la CITCO, ce qui était sans doute pour lui le paradis sur terre. C'est à regret que Ted quitta CFCA pour aller fonder la compagnie Rogers Radio Limited, mais il partait après avoir acquis la connaissance concrète du fonctionnement d'une station de radio commerciale.

Le récepteur radio Rogers sans pile était un appareil sensiblement amélioré. Ses capacités de réception et de reproduction des sons dépassaient de beaucoup celles des autres récepteurs offerts à l'époque. Cependant, lorsque Ted Rogers parcourait la bande de syntonisation de son poste, ce qu'il rencontrait sur les ondes ne le satisfaisait pas. Les stations de radio émettaient des signaux qu'il considérait comme étant de qualité inférieure. Dans plusieurs cas, la voix des annonceurs et des chanteurs semblait sortir d'une bouteille, et certains instruments de musique produisaient une telle distorsion que la pièce musicale elle-même en était altérée. Fort de l'importante assise financière assurée par la Standard Radio Manufacturing, Ted entreprit d'explorer davantage le champ de la radio et d'offrir une meilleure qualité de radiodiffusion.

Le 13 juillet 1926, la Standard Radio décrocha une licence du ministère de la Marine et des Pêcheries lui permettant d'exploiter une station de radiodiffusion située à la fréquence de 1030 kilocycles par seconde, dotée d'une puissance d'antenne de 1000 watts et portant l'indicatif d'appel CJCQ. (La licence elle-même indiquait VE9RB : « VE9 » étant le code standard de toutes les licences d'émission et les lettres « RB » ayant été choisies par Standard Radio pour désigner « Rogers Batteryless ».) Dans les mois qui suivirent, la compagnie Standard Radio loua une partie des galeries d'art Ryan appartenant à Tom Ryan et situées au 515 de la rue Jarvis, afin d'y loger les studios de sa nouvelle station. Sise au cœur du centre-ville, quelques coins de rue au sud de la rue Bloor, ce magnifique manoir à étage en brique doté d'une élégante allée d'accès et d'une véranda, avait appartenu autrefois à la famille Massey. La véranda fut transformée en régie, le salon devint le studio principal, la chambre de bonne servit d'antichambre et la chambre des maîtres abrita les bureaux. La compagnie fit également l'acquisition d'un terrain à 40 kilomètres au nord de Toronto, à l'ouest de la rue Yonge, dans la partie sud d'Aurora, près de Bond Lake, afin d'y installer son émetteur. Dans la région, on appelait cet endroit « le Pinacle » parce qu'il s'élevait à 320 mètres au-dessus du niveau de la mer et était entouré d'un paysage par ailleurs plat. On y construisit un petit bâtiment en bois qui fut bientôt rempli de matériel émetteur. On érigea deux pylônes en bois ressemblant à des poteaux téléphoniques de 60 mètres, entre lesquels on tendit un fil de cuivre à brin unique servant d'antenne. Ainsi installé, l'émetteur fut bientôt surnommé la « cafetière ».

Quelques mois plus tard, une nouvelle voix se fit entendre sur les ondes : « Ici 9-RB. Ceci est un essai. Il est minuit 16 minutes, heure normale de l'Est, le 29 janvier 1927. » Le message était d'une netteté inhabituelle. Il n'était pas altéré par les parasites, car les émetteurs étaient alimentés par les tubes radio à courant alternatif Rogers, nouveaux venus dans le monde de la radiodiffusion commerciale. L'utilisation des tubes Rogers à l'extrémité émettrice de la chaîne radiophonique plutôt qu'à l'extrémité réceptrice uniquement donnait à Ted Rogers un net avantage sur ses concurrents. Les tubes à courant alternatif débitaient plus de puissance que les piles, et cette puissance accrue pouvait servir à émettre des signaux plus clairs et des sons d'une exceptionnelle pureté. D'autres tests effectués par 9-RB fin janvier, début février, furent captés dans des régions du Canada et des États-Unis qui n'avaient jamais reçu de signal radio de provenance canadienne auparavant. Dans les journaux des grandes villes canadiennes, les chroniqueurs radio furent bombardés de questions : « Qui est ce 9-RB ? ou qu'est-ce que c'est ? » La réponse à cette question n'ayant pas encore été dévoilée, l'exaltation fut à son comble quand CJCQ entreprit à son tour de faire ses propres essais.

Le 8 février, Ted Rogers remplaça l'indicatif d'appel de sa station, et CJCQ devint CFRB, pour Canada's First Rogers Batteryless. Le 19 février, les lecteurs des journaux apprirent enfin l'identité du mystérieux 9-RB par une simple annonce publiée dans la page consacrée à la radio et qui affichait le logotype des produits sans piles Rogers.

À 20 h 45 ce soir,
syntonisez la première station de radiodiffusion
à courant alternatif sans piles au monde
(291 mètres) C-F-R-B (1000 watts)
au cadran du premier récepteur à courant alternatif sans piles

À 20 h 45 précises le samedi soir, CFRB diffusa son émission inaugurale. Avec Jack Sharpe à la régie technique à Toronto et Edward J.

Bowers au tableau de commande à Aurora, on poussa les inter-
rupteurs, les tubes s'allumèrent et l'émission commença : « Ici CFRB, la
station de radiodiffusion Rogers sans piles à Toronto, au Canada. »
L'ouverture officielle était présidée par le procureur général W. H.
Price. Assisté par la fiancée de Ted, Velma Taylor, le révérend
W. Cameron de l'église baptiste de la rue Bloor prononça une allocu-
tion d'ouverture. L'événement était coordonné par l'annonceur et
maître de cérémonie Arthur Vandervoort. D'une durée de trois heures,
l'émission mettait en vedette Jack Arthur et son orchestre rattaché au
théâtre Uptown, situé à l'angle des rues Yonge et Bloor, ainsi que
d'autres artistes et chanteurs. Ted Rogers n'assistait pas au gala d'ouverture mais, de chez lui, avec son propre appareil, il écoutait CFRB afin de
vérifier si la diffusion répondait bien à ses critères d'excellence.

CFRB offrait un signal plus net et plus puissant et une meilleure
programmation que les cinq autres stations de radio alors en opération à Toronto, y compris CFCA. Elle constituait également un
véhicule d'autoréclame pour les récepteurs Rogers. Conformément
aux lois de l'époque, les stations de radio étaient tenues de s'identifier
et d'identifier leur ville d'origine à l'heure juste, d'heure en heure.
Or, quand les présentateurs de CFRB annonçaient « Canada's First
Rogers Batteryless », ils faisaient à toutes fins utiles de la publicité
gratuite pour les récepteurs Rogers.

« La nouvelle station CFRB a connu un lancement convaincant,
partagé à part égale entre musique classique et musique populaire »,
écrivait le chroniqueur radio du *Globe* dans sa critique du lundi suivant. Le même jour, le *Toronto Telegram* écrivait : « La nouvelle station
sans piles Rogers CFRB a été inaugurée officiellement par une émission d'une qualité exceptionnelle. » Une des publications commerciales les plus en vue parlait aussi avec enthousiasme de CFRB. « La
naissance de cette station marque une étape importante dans le développement de la radiodiffusion, comme les appareils radio Rogers
l'ont fait dans le développement des radiorécepteurs. Elle est la
première et la seule station à utiliser le courant alternatif à l'étape de
l'amplification. On a atteint une très haute qualité d'émission en
éliminant les piles, principe également à l'origine des appareils radio

sans piles fabriqués par Rogers et qui a donné à ces célèbres appareils une netteté et une qualité sonore incomparables», pouvait-on lire dans le numéro de février 1927 du magazine *Radio News of Canada*. En somme, CFRB offrait des transmissions d'une meilleure qualité grâce aux tubes à courant alternatif Rogers.

Le mois suivant, les produits Rogers et la station CFRB reçurent plusieurs marques d'approbation. Dans son édition du 13 mars, le *New York Times* publiait la photo officielle de Ted Rogers ainsi qu'une photographie de l'émetteur d'Aurora, dont la légende disait : «La station CFRB, la dernière-née des stations de radiodiffusion au Canada, située à 40 kilomètres au nord de Toronto, à une altitude de 320 mètres au-dessus du niveau de la mer. L'émetteur fonctionne à l'aide de tubes à courant alternatif mis au point par E. S. Rogers, propriétaire de la station, bien connu dans les cercles d'amateurs depuis 1912. Cette station est la seule, dit-on, qui utilise des tubes à vide directement branchés au circuit électrique d'éclairage. Sa longueur d'onde est de 291 mètres.»

Quelques jours plus tard, la station recevait une carte postale adressée simplement à la «Rogers Battery Station, Toronto, Canada». La carte portant l'estampille du 15 mars 1927 disait : «Votre concert du 3-4-1927 a été reçu clairement par moi-même.» Et c'était signé F. E. Seger, Honolulu, Hawaï. Le *Globe* reproduisit cette carte en avril en ajoutant le commentaire suivant : «La plus récente station de radio de Toronto semble être entendue pratiquement tout autour de la planète.» Par ailleurs, le numéro d'avril du magazine *Radio Trade Builder* publiait un court article sur CFRB accompagné de la photographie de Rogers.

Au cours de l'été 1927, en raison des premiers succès de la station CFRB et de ses liens privilégiés avec la collectivité, les résidents du canton de Whitmore, où sont situés Aurora et Richmond Hill, renommèrent la Route secondaire 15 «route CFRB». On soulignait ainsi le fait que le site de l'émetteur de CFRB était situé sur le Pinacle, au nord-ouest de l'intersection de la rue Yonge et de la Route secondaire 15. Cette route porta le nom de route CFRB jusqu'en 1971, date où elle fut renommée route Bloomington à la suite d'un changement de zonage.

Ted Rogers reconnaissait que si CFRB était avant tout un véhicule d'information et de divertissement, la station avait également, tout comme lui-même, une responsabilité civique. En juillet 1927, CFRB assura à partir d'Ottawa la retransmission des célébrations du soixantième anniversaire du Canada. CFRB se joignit à un réseau de 19 stations, de Halifax en Nouvelle-Écosse à Victoria en Colombie-Britannique, la station clé étant CNRO à Ottawa. Ce maillage fut décrit comme «le plus vaste raccordement de stations de radiodiffusion ayant jamais été tenté au Canada et peut-être dans le monde». Le programme de ces fêtes marquant le soixantième anniversaire de la Confédération canadienne débutait par le concert inaugural du carillon de la tour de l'Horloge de l'édifice central du parlement, après quoi vinrent les discours du gouverneur général et du premier ministre du pays. En corrélation avec ces événements, Ted dessina une radio Rogers modèle soixantième anniversaire. Cet appareil d'une élégance exceptionnelle était rehaussé de boutons gravés d'un motif traditionnel anglais. Avec le soutien de Ted Rogers, les cinémas Famous Players de Toronto installèrent des récepteurs Rogers modèle 220 et des haut-parleurs Rogers modèle Symphony pour offrir à leurs spectateurs la diffusion des célébrations réalisée par CFRB. Avant le jour anniversaire de l'armistice, cette même année, Ted installa une radio spéciale à ondes courtes à CFRB en vue de capter une diffusion en provenance d'Angleterre. CFRB assura la diffusion sur le territoire de Toronto de la retransmission expérimentale d'une émission produite à 5900 kilomètres de là. Le 11 novembre, donc, Ted Rogers supervisa personnellement la diffusion d'une cérémonie commémorative d'une durée de deux heures qui se déroulait à Chelmsford en Angleterre. Son Altesse royale le prince de Galles prit la parole au cours de la cérémonie, où l'on put entendre un chœur de 10 000 personnes. Cette expérience fut un succès total, et Rogers démontra qu'il était possible de capter et de retransmettre des émissions de radio produites à de grandes distances.

CFRB réalisa une expérience très intéressante en janvier 1928. Ted Rogers décida d'aller en vacances en Europe à bord de l'*Aquitania*. Ses parents parcouraient le continent européen, et il projetait de les rejoindre et de profiter de l'occasion pour étudier les conditions de radiodiffusion dans divers pays (on reconnaît bien Ted à cette façon de conjuguer les affaires et les vacances). Il s'embarqua donc au port de New York le vendredi 27 janvier. Or, le dimanche soir, alors qu'il aurait pu se détendre dans sa cabine, il se trouvait dans la salle des radiocommunications du paquebot. Il dut se remémorer le temps où il travaillait comme opérateur Marconi à bord du *Noronic*, une dizaine d'années auparavant. À minuit, la station CFRB diffusa une émission spéciale pour permettre à son fondateur de vérifier s'il pouvait concrètement le capter sur un paquebot de croisière se trouvant au milieu de l'Atlantique. Le *Globe* et le *Telegram* publièrent des articles sur la tenue imminente de cet essai. Dans le *Globe*, l'article était accompagné de la photo de Ted et de la légende suivante : « Écouter la radio en mer ». À la grande joie de Ted, les essais furent concluants. En mai de la même année, on savourait un exploit additionnel et une première nationale à CFRB. En effet, l'expédition Chambers-Straits à la baie d'Hudson annonçait au quotidien le *Globe* : « réception CFRB dimanche excellente ». En apprenant la chose, Ted Rogers comprit qu'il y avait là une occasion à saisir. En songeant aux responsabilités civiques de son entreprise, il réalisa une autre expérience de transmission à longue portée vers un navire en mer, au cours de laquelle CFRB réussit à établir une connexion spéciale de 2400 kilomètres. La station fut la première au Canada à diffuser des nouvelles, de la musique, des câblogrammes et des télégrammes, en collaboration avec le *Globe*, aux membres de l'expédition Chambers-Straits qui se trouvaient dans l'Arctique canadien. Plus tard, les membres de l'expédition firent savoir qu'ils avaient « parfaitement » reçu les signaux émis et qu'ils avaient grandement apprécié ce service.

Au premier anniversaire de CFRB, on avait de bonnes raisons de fêter. Pendant l'année qui avait suivi l'inauguration de la station, celle-ci était passée de la fréquence 1030 à 640, puis à 570 et enfin à 960 kilocycles, car Ted Rogers était à la recherche du canal et de la configuration d'antenne qui permettraient d'obtenir le signal le plus puissant et le plus pur. La meilleure option semblait être la fréquence 960, aussi la station l'adopta-t-elle. On augmenta la puissance à 2000 watts, et des témoignages reçus de toutes les régions du Canada et des États-Unis, de même que de groupes d'expédition au-delà du cercle polaire arctique et de bateaux naviguant tant dans l'Atlantique que dans le Pacifique, confirmèrent qu'on y captait les émissions de CFRB. De plus, la station CFRB avait produit plus d'émissions en direct que toute autre station au Canada, diffusant des émissions produites en studio pendant la soirée et de la musique enregistrée pendant le jour.

Novembre 1928 fut un mois très actif pour CFRB. La puissance d'émission de la station fut portée à 4000 watts et un «aperçu des émissions de CFRB» commença à être publié dans le *Globe* de Toronto. En même temps, les radios Rogers et CFRB unirent leurs efforts publicitaires pour annoncer leurs produits dans ce journal. Ainsi, dans les publicités en faveur des postes Rogers, on pouvait lire: «Ne manquez pas les merveilleuses émissions de radio de la station CFRB, conçues et réalisées par les fabricants des récepteurs radio Rogers sans piles.»

En février 1929, CFRB devint la première station à diffuser un bulletin de nouvelles directement de la salle de rédaction d'un journal. Un amplificateur radio sans piles CFRB/Rogers télécommandé fut installé dans une petite salle près de la grande salle des nouvelles du *Globe*. Cette installation renforçait la longue et fructueuse alliance qui existait entre CFRB et le *Globe* depuis les débuts de la station. L'amplificateur avait été conçu par Ted Rogers et installé dans les bureaux du *Globe* par lui-même, son frère Elsworth, Jack Sharpe et une petite équipe de techniciens. L'appareil était en bois, long et rectangulaire. Il tenait sur une table et comportait un microphone circulaire surmonté des lettres d'appel CFRB inscrites en demi-cercle. Le logotype des récepteurs Rogers ornait le côté gauche de l'appareil, tout près des lettres «C.F.R.B.» Un petit indicateur était encastré dans la partie inférieure droite. Le *Globe* forma un «bataillon d'annonceurs» et commença à diffuser trois bulletins de nouvelles par jour. Le service des nouvelles radio fut considéré comme une grande innovation. Son aspect pratique fut même reconnu par le gouvernement fédéral, la division de la radio du ministère de la Marine et des Pêcheries confiant à CFRB et au *Globe* la diffusion à plein temps sur sa propre longueur d'onde exclusive de 312 mètres. Un article rédigé par le chroniqueur radio du *Globe* et publié dans le numéro du 7 mars 1929 mentionnait :

> L'amplificateur de signal vocal installé au *Globe* et utilisé pour la radiodiffusion des bulletins de nouvelles sur les ondes de CFRB est entré dans sa deuxième semaine de service en excellente condition. L'amplificateur lui-même, que nous avons déjà décrit, fonctionne entièrement, selon le principe Rogers, à partir du courant alternatif. Si les signaux sont transmis à la station de radiodiffusion CFRB avec une telle qualité, c'est sans aucun doute à cause de l'alimentation continue et uniforme.

L'avantage d'un partenariat entre la radio et la presse fut admirablement démontré lors d'un accident ferroviaire qui se produisit à Drocourt, au nord de Toronto, à la fin de mars 1929. En plus des bulletins habituels de 12 h 15 et de 17 h 20, la programmation régulière fut interrompue à 13 h 00 pour permettre la diffusion d'une déclaration officielle du représentant de la Compagnie des chemins de fer nationaux du Canada (le Canadien National) et offrir aux auditeurs une information quasi directe. Le 18 septembre, un instantané montrant un annonceur avec l'amplificateur fut publié à la page radio du *Globe* coiffé des mots : « Pris sur le vif ».

Le partenariat entre CFRB et le *Globe* se révéla particulièrement heureux en janvier 1930 lorsque la station diffusa les résultats de l'élection municipale de Toronto. CFRB et le *Globe* furent les premiers à présenter les résultats en onde et à offrir un compte rendu de l'élection. Selon un article du *Globe*, cette alliance montrait « la vitesse vertigineuse avec laquelle une nouvelle importante pouvait être rapportée lorsqu'une grande entreprise d'information et une puissante station de radio unissaient leurs efforts pour informer la population des résultats encore chauds d'un événement ».

Mars 1929 amena d'autres alliances importantes pour CFRB. Premièrement, la station devint membre de l'Association canadienne des radiodiffuseurs. L'ACR avait été mise sur pied à Toronto, en janvier 1926, par des représentants du Canadien National, de la compagnie Marconi Canada et de la compagnie Northern Electric dans le but de promouvoir les intérêts des stations commerciales privées au Canada. Sa première charte, créée en juin 1926, affirmait son intention de «représenter toutes les stations de radiodiffusion de l'ensemble du territoire du Dominion». Deuxièmement, Ted Rogers se rendit à New York où il conclut avec Bill Paley une alliance permettant à CFRB de se joindre à un nouveau réseau radiophonique, le Columbia Broadcasting System (CBS) de New York. Un article sur cette alliance intitulé «Conclusion d'un important marché» parut dans le *Globe* illustré de la photo officielle de Ted Rogers. Le communiqué de presse émis depuis New York traduisait bien l'importance de ce partenariat.

La station de radio Rogers sans piles CFRB, de Toronto, au Canada, se joindra à la chaîne Columbia sur une base hebdomadaire régulière à compter de dimanche soir le 21 avril prochain, selon une annonce faite par William S. Paley, président de Columbia Broadcasting System. Bien que divers radiodiffuseurs canadiens aient été reliés à des réseaux américains pour la transmission d'événements spéciaux d'importance internationale, la présente entente constitue une première, car c'est la première fois qu'une station entièrement canadienne est rattachée à la chaîne de façon régulière.

L'émission «The Majestic Theatre of the Air» diffusée par CBS tous les dimanches soir à 21 heure, sera la première émission hebdomadaire présentée par CFRB.

La station torontoise CFRB appartient à la Standard Radio Manufacturing Corporation, Limited, et elle est l'une des plus importantes entreprises canadiennes de radiodiffusion. Elle a toujours eu la réputation de n'utiliser que le matériel de radiodiffusion le plus perfectionné, ce qui lui a permis d'attirer un très vaste auditoire.

Commentant cette nouvelle expansion de CBS, M. Paley a déclaré: «Il va sans dire que je suis heureux de saluer nos cousins canadiens qui auront accès à des émissions de radio américaines retransmises par une de leurs propres stations. »

Fidèle à sa promesse, CFRB réalisa le 21 avril sa première retransmission d'une émission produite par CBS. L'émission « The Majestic Theatre of the Air », commanditée par les récepteurs radio Majestic de Chicago, fut la première émission américaine diffusée à l'échelle internationale. On y présentait de 21 h à 22 h une adaptation radiophonique du film *The Alibi*. Afin de mettre en perspective ce nouveau partenariat avec le réseau américain, Ted Rogers exigea qu'avant l'émission du Majestic Theatre, le grand chanteur canadien Redferne Hollinshead chante le « Ô Canada! », accompagné par l'orchestre d'Arnold Jackson. Immédiatement après l'émission, monsieur Hollinshead devait interpréter un autre chant national, « The Maple Leaf Forever ».

Également au cours de ce mois, CFRB réalisa une brochure portant sur ses deux premières années de diffusion. Intitulée « CFRB Toronto, Station and Artists », la plaquette de 28 pages présentait des photographies et de courtes biographies des artistes entendus à la station, ainsi que des instantanés montrant le studio et les émetteurs. Elle offrait aussi un historique de trois pages sur Ted Rogers et son expérience de radiodiffuseur.

En septembre 1929, CFRB réalisa une percée lorsque le gouvernement fédéral l'autorisa à émettre à plein temps sur 960 MA. Jusque-là, CFRB avait partagé le temps de radiodiffusion de cette fréquence avec d'autres stations de radio, conformément à la réglementation gouvernementale. Or ces règlements étaient maintenant modifiés et des fréquences particulières étaient assignées aux diverses stations. La station CFRB réalisa également la première radiodiffusion canadienne à l'échelle du réseau sans piles Rogers composé de stations de Halifax à Calgary. À cette occasion, on put entendre un programme musical interprété par l'orchestre Rogers. En octobre, la station retransmit la Série mondiale de baseball diffusée par CBS et, à la fin du mois, CFRB présenta en première une nouvelle expérience radiophonique de CBS, soit la retransmission en direct d'un concert

donné par Guy Lombardo et son grand orchestre, les Royal Canadians, à l'hôtel Roosevelt de New York. Au cours de la dernière
partie de 1929, Lombardo et ses Royal Canadians se rendirent à
Toronto et tinrent une séance de répétition dans les studios de CFRB.
Ce jour-là, les auditeurs torontois eurent droit à la présentation
impromptue de quatre pièces par le populaire musicien.

La station CFRB devenait donc aussi florissante que son ancêtre et
sa contrepartie, le récepteur sans piles Rogers. La station dominait
pratiquement les ondes en diffusant ses émissions avec une netteté et
une puissance qui étaient tout à fait compatibles avec des postes
branchés sur le secteur. Par ses réalisations fracassantes dans le
domaine de la télégraphie à ses débuts, par l'étonnante avancée
technologique que représentèrent son tube à courant alternatif et sa
radio sans piles et par l'œuvre de pionnier qu'il réalisa en fondant la
première station de radiodiffusion entièrement électrique au monde,
Ted Rogers faisait preuve d'un génie inventif dans le domaine électrique que l'on peut comparer à celui d'un Edison, ainsi que d'une
maîtrise en radiodiffusion qui rappelle celle d'un Marconi. Or, tout
cela, il l'avait réalisé avant même d'atteindre ses 30 ans.

L'usine Rogers-Majestic, au bout de la rue Bathurst, à Toronto, vers 1929.

Chapitre cinq

Le plus grand du Dominion

Ted Rogers voulait élargir ses activités dans le domaine de la radio. En octobre 1928, fort du double succès récent des récepteurs Rogers et de la station CFRB, il négocia une alliance entre la Standard Radio Manufacturing et la Grigsby-Grunow Company de Chicago. Formée plus tôt cette année-là après l'effondrement de la Grigsby, Grunow and Hines Company, la compagnie Grigsby-Grunow était l'un des plus grands fabricants d'appareils radio aux États-Unis. Elle produisait les récepteurs électriques de marque Majestic Electric dont le slogan publicitaire était «Puissant monarque des ondes». Les ventes de modèles Majestic dépassaient celles des autres modèles sur le marché américain en raison de la supériorité de leurs haut-parleurs, qui comportaient une bobine de champ énorme et un transformateur audiofréquence plus grand encore. Rogers exploitait dorénavant la marque Majestic et détenait les droits de fabrication exclusifs des postes Majestic, et les deux compagnies mettaient en commun leurs ressources de conception et de production. Le 25 octobre, Albert S. Rogers fit circuler une lettre annonçant: «Fusion de Rogers Battery-less Radio et de Majestic Electric Radio pour le Canada – B. J. Grigsby, président de Grigsby-Grunow, est nommé au conseil d'administration de Standard Radio.» En janvier 1929, cette nouvelle entreprise prit le nom de Rogers-Majestic Corporation. Une belle grande annonce publicitaire publiée dans le journal *The Mail and Empire* un an plus tard présentait les deux symboles et annonçait le nouveau nom au public.

Au cours de la première séance officielle du conseil de la Rogers-Majestic Corporation, on décida de construire une nouvelle usine. On fit l'acquisition d'un terrain libre à l'angle nord-ouest des rues Fleet et Bathurst à Toronto, et le bureau d'architectes Horwood and White dessina les plans d'une usine vaste et impressionnante. Rogers-Majestic entreprit les travaux en février 1929. La construction des nouveaux locaux attira l'attention des médias écrits. «Standard Radio Corporation construit une grande usine» était le titre d'un article du magazine *Radio Trade Builder*, tandis que le *Globe* annonçait : «Construction d'une nouvelle usine de radiorécepteurs rue Fleet». Les deux articles étaient illustrés d'un dessin d'architecture à la plume représentant la nouvelle usine, et un article du *Globe* contenait un bel hommage : «Le nouvel édifice de la compagnie Standard Radio sera un monument à l'esprit d'initiative et à la compétence d'un petit groupe de Canadiens qui, au début de 1925, présentaient pour la première fois un récepteur radio au public canadien. Le chemin parcouru en quatre ans depuis la première "idée" jusqu'à la création de l'une des industries les plus en vue au Canada constitue probablement un record en matière de progrès commercial.»

La nouvelle usine ouvrit officiellement ses portes en juillet de la même année. Les bureaux et les groupes de production de la compagnie Rogers-Majestic emménagèrent dans l'édifice tout neuf de 300 000 $ situé au 622, rue Fleet Ouest. L'usine était une construction à deux étages en béton et en acier et comptait plusieurs fenêtres très grandes et très hautes sur chaque mur extérieur, assurant un éclairage naturel et une excellente ventilation. L'édifice mesurait 76 mètres de longueur sur 24 mètres de largeur, pour un total de 5500 mètres carrés de surface utile. Selon un texte publicitaire de CFRB, il contenait «du matériel automatique de production radiophonique des plus modernes». L'usine contenait une chaîne d'assemblage de boîtiers de récepteurs radio, une plate-forme de raccordement et un quai de débarquement, des allées d'entrée du côté est et du côté ouest, un bureau de recherche et de développement, un laboratoire, une salle d'essais insonorisée, un système avant-gardiste de gicleurs intérieurs, ainsi qu'une spacieuse cafétéria. L'entrée de la partie administrative était située à l'angle sud-est de l'édifice, alors que la porte de l'usine se trouvait à l'angle sud-ouest. Chaque entrée était flanquée de plantes en pots et surmontée d'une sculpture en pierre représentant l'hémisphère nord-américain piqué d'éclairs. Au-dessus de tout cela se trouvaient les mâts qui permettaient de hisser bien haut l'Union Jack. C'était la plus grande et la meilleure usine de production de radiorécepteurs au Canada, et une des mieux aménagées du monde. Elle avait été conçue pour accueillir 400 employés de production et 30 employés de bureau; on prévoyait que la production journalière serait deux fois plus importante que celle de toute autre usine canadienne existante de fabrication de radios. Sur un grand panneau blanc installé sur la face nord de l'édifice, juste sous le toit, on pouvait lire en lettres noires : « Nouveau lieu de fabrication des récepteurs Rogers sans piles et des récepteurs électriques Majestic ».

L'usine Rogers-Majestic était située dans ce qu'il convient d'appeler le centre industriel de la rue Fleet. Près de là se trouvaient l'entrepôt Loblaws, les ateliers de confection Tip Top et l'usine de transformation alimentaire Crosse and Blackwell. L'usine de récepteurs était située à deux pas du parc de l'Exposition et près du Maple Leaf Stadium, qui abritait le club de baseball Maple Leaf de Toronto.

La nouvelle installation fit l'objet d'un article détaillé intitulé « La nouvelle usine de radiorécepteurs Rogers – une impressionnante réalisation de l'entreprise canadienne », paru dans l'édition du 26 juin du *Globe*. En novembre 1929, la compagnie Rogers-Majestic publiait une page publicitaire complète dans le magazine *Radio Trade Builder*. La publicité présentait une magnifique photographie de la nouvelle usine et invitait la population à visiter l'installation tout en proclamant:

Construite grâce à la qualité de ses produits,
soutenue par la faveur du public,

la plus grande usine de radiorécepteurs au Canada – la plus moderne de l'Empire britannique – fonctionne déjà à pleine capacité.

Au cours de l'été 1930, on ajouta quelques éléments décoratifs à l'usine. D'abord, le grand panneau blanc annonçant le nouvel emplacement fut remplacé par une longue enseigne en bois rectangulaire arborant le nom de l'entreprise, « Rogers-Majestic Corp. Limited », en relief bronze sur fond noir, encadré aux deux extrémités par le mot « Radios » écrit en caractère cursif ornemental. Sept lampes placées au-dessus de l'enseigne éclairaient celle-ci le soir venu. Deux autres ajouts furent remarquables et prirent valeur de symbole national. Sur le toit du côté nord-ouest, orientée vers l'ouest et perpendiculaire à l'entrée principale, on érigea une immense enseigne au néon qui annonçait :

ROGERS AND MAJESTIC RADIOS

Trois éclairs jaillissaient de chaque côté du mot « RADIOS ». L'enseigne faisait près de 24 mètres de longueur sur 8 mètres de hauteur, chaque lettre faisant 1,80 mètre de hauteur. C'était la plus grande enseigne au néon au Canada. Puis, à l'angle sud-ouest de l'édifice, on installa une autre enseigne au néon haute de 4,7 mètres. Elle avait la forme d'un gigantesque tube radio barré par le nom « Rogers » écrit en diagonale. Juste au-dessous apparaissait le symbole du courant alternatif « A/C » et, plus bas, les mots « Radio Tubes ». Enfin, cinq broches sortaient de la base. Ces deux enseignes étaient contrôlées par un mécanisme d'horlogerie et s'allumaient tous les soirs à la tombée du jour, offrant leurs vives couleurs aux automobilistes et aux piétons qui empruntaient les rues Fleet et Bathurst.

Peu après que la nouvelle usine eut commencé à fonctionner, la compagnie Rogers-Majestic ouvrit une usine de tubes radio de près de 2000 mètres carrés au 100, chemin Sterling, non loin du chemin Lansdowne et de la rue Bloor. Cette usine était exclusivement consacrée à la production et à la mise au point des tubes Rogers. La compagnie Rogers-Majestic annonça également qu'elle avait fait l'acquisition du service de distribution de la QRS Music Company of Canada, premier distributeur des récepteurs sans piles Rogers. Bert Trestrail fut nommé vice-président des ventes chez Rogers-Majestic. Tandis que Rogers prenait le contrôle de la distribution des récepteurs radio, les divisions des cylindres de phonographe et des films de QRS demeuraient la propriété de cette entreprise. Le nouveau service de distribution de radiorécepteurs s'installa dans la nouvelle usine.

En mars 1931, Albert et Ted Rogers procédèrent à une restructuration de la compagnie Rogers-Majestic. La Canadian Radio Corporation, une société depuis longtemps inactive qui faisait partie des avoirs radio de la CITCO acquis en 1924, devint la société mère de Rogers-Majestic. À ce titre, elle devenait responsable de l'exploitation des marques Rogers et Majestic et de la gestion de CFRB. Ted Rogers fut nommé président de la nouvelle entreprise, bien qu'il continuât de relever du président du conseil, Albert Rogers. Le logotype de la CRC était composé des mots « Canadian Radio Corp. Limited » écrits en caractères gras à l'intérieur d'une feuille d'érable dont la tige était encerclée par la devise « Radio Products Made in Canada ».

Au cours de l'été 1932, Ted Rogers fut élu au poste de président de la Rogers-Majestic Corporation. Depuis qu'il avait fondé les compagnies Rogers Radio Limited et Standard Radio Manufacturing en 1924 et 1925, Ted avait occupé la fonction de vice-président tout en s'initiant au monde des affaires sous l'orientation et la gouverne de son père, qui agissait comme président. Albert Rogers se retira de la présidence en août 1929 et fut remplacé par l'homme d'affaires bien connu D. H. McDougall, qui possédait une longue expérience de direction dans les domaines de l'électricité et de l'hôtellerie. Albert Rogers demeura toutefois actif au sein de l'entreprise, assumant le rôle de président du conseil d'administration. Quand Ted accéda ensuite à la présidence, McDougall fut nommé président du conseil et Albert se retira dans le confort et la tranquillité. Au moment de l'élection de Ted Rogers, Rogers-Majestic affichait un actif de 1 357 713 $ en regard d'un passif de 128 594 $ seulement, et la société fonctionnait sans prêts bancaires ni hypothèques d'aucune sorte.

Ted Rogers assuma son nouveau rôle de chef d'entreprise avec sa vigueur habituelle. Une de ses premières réalisations fut la production d'un film de promotion. Intitulé «Canada's Finest», ce film muet de 12 minutes fut tourné au cours de l'été 1932. On y voyait, entre autres, Ted Rogers travaillant à son bureau de l'usine Rogers-Majestic. Le film montrait aussi la production d'un récepteur Rogers modèle 800 sur la chaîne d'assemblage de l'usine et la livraison d'un poste terminé, la fabrication d'un tube Rogers modèle 227, ainsi que l'envers du décor des studios de CFRB. Entre les séquences, des intertitres expliquaient aux spectateurs ce qui se déroulait sur l'écran.

À l'automne, Ted Rogers et Rogers-Majestic lancèrent une nouvelle campagne publicitaire dans le quotidien *The Daily Mail and Empire* en publiant une série d'articles intitulée «La radio prend la parole». Ted avait rédigé lui-même tous les articles, lesquels avaient pour objectif d'expliquer la technique radiophonique dans des termes accessibles aux profanes. Les articles parurent une fois par semaine entre le 19 septembre et le 31 octobre.

La radio prend la parole
par
E. S. Rogers
président de Rogers-Majestic Corporation – l'homme qui a rendu possible la réception radiophonique sans piles

L'aspect technique de la radio est devenu plus complexe depuis les huit ou dix dernières années de sorte que, sauf pour quelques passionnés de radio amateur, la plupart des gens s'y perdent. En général, le public s'intéresse davantage à ce que produit la radio qu'aux questions techniques. Pourvu que l'appareil fonctionne bien, les gens n'en demandent pas plus.

Or certaines avancées techniques récentes dans le domaine de la radio sont si importantes – des poussées si phénoménales ont été réalisées depuis que j'ai mis au point le tube à courant alternatif qui a permis à la radio de fonctionner à partir du courant électrique de nos foyers – que bien des gens seront intéressés à en savoir un peu plus sur ce magnifique moyen de divertissement. Je vous propose donc de démonter la radio, pour reprendre l'expression populaire, et de regarder comment elle fonctionne.

Tous les lundis à compter d'aujourd'hui, et pendant une période de six semaines, j'emprunterai cette chronique pour expliquer l'un des nombreux éléments techniques qui font des postes récepteurs Rogers construits cette année les meilleurs récepteurs de tous les temps. J'éviterai, dans la mesure du possible, d'utiliser inutilement des termes savants.

Ainsi, dans la livraison de lundi prochain, vous trouverez un premier article portant sur les nouveaux tubes Rogers et sur leur importance dans la production des sept nouveaux modèles de radios Rogers.

En février 1934, la Canadian Radio Corporation se porta acquéreur de l'un de ses principaux concurrents, Consolidated Industries, fabricant des récepteurs De Forest-Crosley. La compagnie De Forest-Crosley Radio Corporation était née en novembre 1924 de l'association de Lee De Forest, inventeur du tube Audion en 1900 et du circuit Ultra-Audion en 1912, avec Powel Crosley fils, un industriel en vue qui, en 1921, avait mis au point une chaîne d'assemblage permettant la construction de récepteurs de haute qualité à prix abordable et qui avait créé la Crosley Radio Corporation. De Forest-Crosley Canada devint une filiale de Consolidated Industries en 1932. Le major J. E. Hahan, président de la compagnie De Forest Radio Corporation depuis 1924 et artisan de la création de la De Forest Radio Corporation au Canada, avait fondé Consolidated Industries à la fin de 1931. La Consolidated était une entreprise mère qui fabriquait les radiorécepteurs De Forest-Crosley, les réfrigérateurs Norge Electric (la compagnie Norge Corporation of Canada Limited avait été créée comme filiale de De Forest en février 1931) et les horloges Hammond. Consolidated Industries avait fait faillite avant son acquisition par Rogers-Majestic.

La Canadian Radio Corporation était maintenant la plus grande entreprise de fabrication de radios au Canada. Ted Rogers était président de la CRC et de Rogers-Majestic, A. L. Ainsworth fut nommé président de la compagnie De Forest-Crosley Limited, et Harry Sedgewick demeura président de CFRB. Avec l'acquisition de Consolidated Industries, la CRC devenait propriétaire d'une usine et d'un entrepôt situés au 245, avenue Carlaw, à Toronto. Les opérations de la CRC se firent depuis l'usine Rogers-Majestic de la rue Fleet et l'usine Consolidated Industries de l'avenue Carlaw. La fabrication de postes de radio se fit à l'usine de la rue Fleet. On commença alors à appliquer aux récepteurs De Forest-Crosley produits au Canada un numéro de série relevant de Rogers-Majestic. La CRC commença aussi à produire à son compte les réfrigérateurs électriques Norge et les laveuses De Forest construits auparavant par Consolidated Industries.

Un événement unique dans l'histoire du marketing radio au Canada se produisit au cours du mois de novembre 1933. Ted Rogers publia des excuses pleine page dans le magazine *Radio and Electrical Sales*. La demande de récepteurs Rogers et Majestic était si forte que l'usine accusait un retard de commandes de 2 751 postes. Devant cette situation, Rogers-Majestic embaucha du personnel et doubla la production pour répondre à la demande, ce qui fut fait au début de décembre. Le nombre d'employés à l'usine était supérieur à tout ce qu'on avait vu auparavant dans l'histoire de la radio. On doit souligner que Ted Rogers et son entreprise fournissaient des emplois supplémentaires aux travailleurs canadiens à l'époque difficile de la Grande Crise.

Poussée par la demande du marché, la Canadian Radio Corporation connut un autre épisode de croissance à la fin de 1937. En effet, l'entreprise procéda à l'agrandissement de sa gigantesque usine du 622, rue Fleet Ouest, et loua également un édifice libéré depuis peu au 545, boulevard Lakeshore Ouest, presque en face, à l'angle sud-est de l'intersection Bathurst et Lakeshore (dont la portion nord correspond à la rue Fleet). L'usine, un élégant bâtiment construit en 1928 pour la compagnie de transformation de produits alimentaires Crosse and Blackwell, fut rebaptisée «l'usine de radios Rogers n° 2».

L'installation offrait plus d'espace pour construire les radios Rogers, Majestic et De Forest-Crosley.

L'invention du tube à courant alternatif Rogers et du récepteur sans piles Rogers ainsi que la création de la première station de radio à l'électricité furent des réalisations extraordinaires qui occupent aujourd'hui la place qui leur est due dans l'histoire de la radio. D'autres innovations importantes et stimulantes restaient pourtant à venir.

En septembre 1928, trois ans après le lancement du récepteur sans piles Rogers, les techniciens de Standard Radio mirent au point un régulateur de tension automatique. Ce dispositif permettait à la tension de demeurer uniforme à l'intérieur des tubes radio, quelles que soient les fluctuations de l'énergie transportée par les réseaux électriques. Cette invention réglait le problème des variations de tension d'une maison à une autre. Si on n'y voyait pas correctement, ces pointes de tension pouvaient endommager les tubes et nuire à leur durée de vie. Jusque-là, Ted avait construit ses appareils en y intégrant un régulateur de tension manuel et un voltmètre pour permettre au consommateur de surveiller la tension à l'entrée. Ce voltmètre montrait clairement le point de fonctionnement normal de l'appareil, une bande rouge indiquant la zone de tension élevée où les tubes pouvaient être endommagés. Le nouveau régulateur de tension automatique était de construction simple, mais il était assez résistant pour survivre aux rigueurs du transport. La compagnie Standard Radio avait annoncé que tous les nouveaux récepteurs Rogers seraient munis de ce régulateur de tension automatique Rogers. La compagnie avait aussi annoncé que tous les récepteurs Rogers fabriqués en 1929 seraient dotés d'une prise à fiches qui pourrait servir à brancher un phonographe au récepteur, de manière à utiliser le haut-parleur du récepteur plutôt que celui du phonographe.

La période de Noël 1932 ajouta une dimension mondiale à la réception des signaux radio par les nouveaux récepteurs Rogers-Majestic. En effet, la compagnie proposait maintenant un récepteur multi-ondes grâce auquel les auditeurs pouvaient avoir «le monde entier sur un même cadran». L'appareil offrait la possibilité de capter les ondes courtes, les ondes longues, ainsi qu'une bande radio-police. Ainsi, on pouvait capter des émissions étrangères de partout dans le monde aussi bien que des émissions produites localement, et on pouvait entendre les échanges entre les patrouilles policières et les répartiteurs, de même que les messages en provenance des avions, des aéroports et des navires en mer.

Une autre innovation fit son apparition lorsque Rogers-Majestic mit au point l'autoradio Rogers. La radio pour tableau de bord 918 Rogers fut présentée au public au Salon de l'automobile de Toronto en janvier 1934. Ted Rogers négocia des ententes avec la Ford Motor Company of Canada et la General Motors du Canada accordant à Rogers-Majestic l'exclusivité de la production de récepteurs radio adaptables à leurs nouveaux modèles d'automobiles. «La qualité de réception radiophonique de votre salon dans votre auto», proclamait une attrayante annonce publicitaire de Rogers montrant un couple en promenade dans une berline accompagné de photographies de Bing Crosby, Ethel Merman et sept autres vedettes populaires de la radio.

Quand Rogers-Majestic présenta ses modèles 1938, ceux-ci étaient dotés d'un avantage des plus modernes : la syntonisation automatique. Les auditeurs n'avaient plus à chercher les stations, car ils pouvaient capter les stations préréglées simplement en appuyant sur les touches d'un cadran. Ce cadran d'appel rotatif automatique consistait en un grand disque métallique portant les vignettes d'appel de dix stations. L'auditeur plaçait la vignette de la station voulue à la position centrale, et les réglages se syntonisaient automatiquement pour capter la station correspondante. Pour choisir les stations qui n'étaient pas indiquées sur le cadran, on avait la possibilité d'utiliser le régulateur manuel. «Clic! Dix stations en dix secondes… les yeux fermés!», déclaraient les annonces publicitaires montrant une jolie blonde en robe du soir, tout sourire et yeux bandés, qui syntonisait une station sur son récepteur. «La découverte la plus révolutionnaire depuis le radiorécepteur sans piles!», clamait la compagnie. L'année suivante, on apporta une autre amélioration au même principe : le préréglage à bouton-poussoir.

D'autres événements intéressants ont également eu lieu, dont la participation de Rogers à l'Exposition industrielle de 1932 en Grande-Bretagne. Cet événement exclusivement consacré aux produits fabriqués dans l'Empire britannique se tenait à l'Olympia de Londres cet hiver-là, et Rogers représentait l'unique stand réservé à la radio dans la section canadienne de l'exposition. Il y présentait divers modèles, de sol et de table, aux Anglais comme aux visiteurs de l'Europe continentale. Au cours de l'automne 1935, Rogers-Majestic publia son premier «Radio Log» (guide de la radio) pour l'année 1936. Ce livret de 15 pages était un répertoire de stations de radio canadiennes, américaines, étrangères à ondes courtes et de police. Les radiodiffuseurs aussi bien que les réseaux CBS et NBC y étaient inscrits par ordre d'indicatif d'appel, de fréquence et de lieu géographique. Présentant une très intéressante couverture ornée d'un globe terrestre qui portait en surimpression un pylône d'antenne d'où émanaient des anneaux, ce livre de bord fut décrit dans le magazine *Radio and Electrical Sales* comme étant «… aussi complet que ce genre de publication peut l'être. De plus, les données qu'il contient sont parfaitement à jour.»

Au début de 1931, on lança une campagne publicitaire destinée à présenter aux consommateurs les tubes à courant alternatif Rogers. «Utilisez les tubes radio de rechange ROGERS», disait simplement une annonce publicitaire très originale où le texte suivant était disposé de façon à rappeler la forme d'un tube radio:

Les premiers et les meilleurs tubes radio à courant alternatif au Canada
peuvent maintenant être utilisés dans *tous* les récepteurs
électriques – quel que soit le fabricant.

Donnez une nouvelle vie à votre appareil radio en y installant un jeu de ces célèbres tubes longue durée.

Ils ne sont pas plus coûteux et sont vendus chez tous les bons marchands d'appareils radio.

Recherchez le nom ROGERS sur la boîte rayée orange et noir – celui-là et rien d'autre!

Précisez toujours le nom «ROGERS» lorsqu'un test vous dit que vos tubes radio ont besoin d'être changés.

On fit aussi des annonces publicitaires à la radio. Tous les dimanches soir à 21 h 30, sur CFRB et sur 20 stations disséminées dans tout le pays, depuis Sydney en Nouvelle-Écosse jusqu'à Vancouver en Colombie-Britannique, on faisait la lecture du communiqué suivant : «Ayez toujours des tubes dont l'efficacité est au maximum. Vérifiez-les périodiquement et demandez les tubes Rogers – les tubes radio les plus durables.» Le nouveau tube Rogers 224+ était plus sensible à la réception et à l'amplification des signaux radiophoniques que les autres tubes, y compris le tube Rogers original modèle 32, et il avait l'avantage de se réchauffer rapidement. Grâce à son délai de réchauffement minimal, on pouvait capter les signaux quelques secondes après avoir allumé le poste.

Une autre réalisation fut annoncée en octobre 1933. Après deux ans de recherche et de développement, la compagnie Rogers mit sur le marché un tube à gaine protectrice adhérente ou «Seal-Shielded Tube» (SST). Fabriqué suivant une méthode moderne de revêtement par pulvérisation qui offrait une parfaite protection contre la distorsion, ce tube éliminait la nécessité d'ajouter l'habituelle gaine extérieure en étain. Celle-ci, tout en protégeant les tubes de la trop grande chaleur, de la moisissure et d'autres éléments, pouvait causer des vibrations dans le châssis interne de l'appareil, et ces vibrations pouvaient à leur tour créer de la distorsion. Dans le tube SST, la gaine protectrice adhérait au tube. Par un procédé de «pulvérisation métallique», un métal protecteur argenté en fusion était pulvérisé sur les parois externes et internes de l'ampoule de verre et de sa base en plastique, ce qui offrait une isolation et une régulation de la température. Le tube ainsi gainé était gris et uni, la partie supérieure était transparente et la base était munie d'une fiche de branchement métallique. Le logo Rogers était imprimé en noir autour de la base du tube. Les tubes SST n'étaient pas plus coûteux que les tubes ordinaires et ils étaient les seuls tubes utilisés dans les récepteurs Rogers, Majestic et De Forest-Crosley.

L'automne suivant, la compagnie Rogers changea le nom du tube SST pour celui de tube à gainage par pulvérisation ou «Spray-Shield Tubes», et elle mit également sur le marché le tube «mystère» modèle 6H7S. Cette innovation fut décrite comme «un progrès rappelant le génie technique ayant permis la création du radiorécepteur électrique». Le tube «mystère», qui fut comparé à un œuf à deux jaunes, était un tube double exclusivement canadien offrant une puissance deux fois supérieure à celle des tubes ordinaires et, conséquemment, une capacité de réception renforcée. Le tube «mystère» fut lancé au cours de l'année du dixième anniversaire de l'invention du tube à courant alternatif Rogers. Plus tard, la compagnie annonça qu'elle utiliserait le «tube mystère modèle 6H7S» pour la construction de tous les récepteurs de marques Rogers, Majestic et De Forest-Crosley, ce qui permettrait de produire des appareils radio à ondes courtes et à ondes longues au prix le plus bas sur le marché.

L'été 1935 fut témoin d'une autre amélioration des tubes Rogers lorsque la compagnie mit sur le marché le nouveau tube Rogers à revêtement métallique pulvérisé ou «Metal Spray Tube». Ce tube représentait un progrès par rapport au tube à gainage par pulvérisation. Il présentait un revêtement métallique noir plus épais, le logo Rogers était inscrit en blanc sur sa base, et il était doté d'une fiche à douille de guidage et de huit broches, ce qui le rendait interchangeable avec d'autres types de tubes métalliques. Il était parfaitement gainé et extrêmement durable. Il redéfinissait la norme en matière de réduction du bruit et permettait une meilleure dissipation de la chaleur, de sorte que l'appareil pouvait fonctionner à des températures plus élevées.

La station de radio Rogers réalisa, elle aussi, un certain nombre d'innovations. En janvier 1930, Jack Sharpe, le chef technicien de studio chez CFRB, mettait au point le microphone combiné. Ce microphone réunissait dans un seul instrument le microphone à condensateur et le microphone à charbon, ce qui réduisait les risques de problèmes de micro en cours d'émission. Un an plus tard, CFRB proposa le bras de microphone mobile. Ce dispositif composé d'un système de poulies permettait à un technicien de déplacer le microphone dans tous les coins du studio pour capter les sons désirés, par exemple lors d'un concert de musique classique ou populaire donné par un orchestre en studio ou encore lors d'une pièce de théâtre. La base fixe du pied de microphone possédait un très long «bras mobile» incurvé qui pouvait rejoindre les différentes parties du studio. En janvier 1937, CFRB construisit un studio d'enregistrement dans les locaux de la station. Comme on pouvait le lire dans l'album souvenir du dixième anniversaire de CFRB, «les possibilités de ce domaine en radiodiffusion commerciale commencent à peine à être explorées, bien que des pas de géants aient été accomplis. Grâce à cette technique, il est possible également de préserver pour la postérité les radiodiffusions d'événements historiques pour que, dans les années à venir, tous puissent revivre les grands moments du passé.» Au cours du printemps 1930, CFRB s'associa tous les soirs à CFCF Montréal, CNRO Ottawa, CKOC Hamilton et CFPL London pour former le premier réseau radiophonique régulier au Canada. Inspirée par le succès de cette initiative, la Canadian Radio Corporation conclut des ententes de partenariat avec des stations de radio d'un bout à l'autre du Canada et, en octobre 1931, elle créa un réseau transcontinental, le Canadian Radio Corporation Trans-Continental Network. La station CFRB était la tête de pont de ce réseau, qui comprenait 26 stations, de Charlottetown, à l'Île-du-Prince-Édouard, à Vancouver, en Colombie-Britannique. Comme CFRB maintenait toujours son alliance avec CBS, elle couvrait maintenant toute la partie continentale de l'Amérique du Nord. À l'occasion du dixième anniversaire de CFRB, Ted Rogers annonça la création de CFRX, pour Canada's First Rogers X-wave, la station de radio à ondes courtes Rogers. CFRX retransmettait des émissions de CFRB dans tous les coins du Canada, ainsi qu'en Angleterre, dans certaines parties éloignées des États-Unis et aux Antilles. Cette station émettait avec une puissance de 1000 watts, sur une longueur d'onde de 49 mètres, sur une fréquence de 6,070 microcycles et avec son propre système d'antenne, bien que celui-ci ait été installé au même endroit que les émetteurs de CFRB à Aurora.

La station CFRB était également un chef de file en matière de programmation. En effet, en octobre 1930, elle fut la première station canadienne à présenter sur une base régulière, soit les lundis, mercredis et vendredis soir, un événement sportif commenté. Le commentateur était Wes McKnight. Celui-ci avait été l'annonceur attitré des événements extérieurs pour la station depuis 1928. Il couvrait le hockey, la boxe, la lutte et les courses de chevaux, et il fut le premier à présenter des entrevues en direct avec les athlètes. Un an plus tard, CFRB réalisait les premières retransmissions commentées en direct des matchs du samedi soir de la Ligue nationale de hockey à partir du tout nouveau Maple Leaf Gardens. Le commentateur, Foster Hewitt, avait travaillé avec Ted Rogers à l'époque où ils étaient affectés à l'unité mobile de CFCA. CFRB demeura la principale station de hockey pendant les 12 années suivantes.

Une approche dynamique de l'information et une programmation spéciale constituaient l'essence de CFRB. Au cours de l'automne 1931, la station lança l'émission «Beech-Nut Auction», commanditée par les confiseurs Beech-Nut. Cette émission de 15 minutes, qui représentait le premier encan radiophonique au Canada, était présentée tous les jours, sauf le dimanche. Les auditeurs misaient par la poste sur les articles offerts, participant peut-être ainsi à la première forme de commerce électronique. Pendant le temps des Fêtes, l'année suivante, CFRB diffusa un «message de Noël» du roi George V, en direct du palais de Buckingham. Au cours de l'été 1934, le Canada fut séduit par l'histoire de cinq petites filles nouveau-nées, les quintuplées Dionne. La station CFRB installa à Callander, en Ontario, un studio périphérique pourvu d'environ 500 kilos de matériel pour suivre sur place le développement des quintuplées et réaliser une série d'entrevues avec leur pédiatre, le docteur Allan Roy Dafoe. Transmise au réseau CBS, la couverture radiophonique comprenait entre autres les babillages et gazouillis des «jumelles» elles-mêmes.

CFRB joua un rôle de chef de file dans d'autres domaines également. En novembre 1930, la station, à l'étroit aux galeries Ryan, déménageait au premier étage du 37, rue Bloor Ouest, à l'angle des rues Bloor et Balmuto à Toronto. On inaugura les studios par un somptueux gala qui fit la première page de la section Vie urbaine du *Globe*. Intitulé «Les studios de CFRB sont inaugurés en grande pompe», l'article était accompagné de photographies de l'événement. Dans le *Toronto Star*, une nouvelle photographie de Ted Rogers illustrait un article sur le déménagement intitulé «Responsable des émissions de CFRB».Vêtu d'un complet trois pièces marron clair et cravate imprimée, monsieur Rogers se tenait légèrement de biais et regardait directement l'objectif de l'appareil photo, offrant une vue de face de son visage.

Les nouveaux studios étaient les plus spacieux, les plus beaux et les mieux équipés au Canada, avec 185 mètres carrés de surface utile pouvant recevoir un public de 1000 personnes et les 100 musiciens du Rogers Versatile Symphony Orchestra. Le nouvel emplacement abritait le Studio doré où avaient lieu la majorité des présentations et des causeries, le Studio bleu, avec ses deux pianos, idéal pour les émissions de moindre envergure, et le spacieux Studio rose, le plus grand au Canada, qui mesurait 15,2 mètres de longueur sur 12,2 mètres de largeur, avec un plafond à 5,5 mètres de hauteur. Les trois nouveaux studios étaient équipés du microphone combiné et du bras mobile de microphone mis au point par les ingénieurs de CFRB en 1930 et 1931. À la même époque, Jack Sharpe présentait sa fameuse cabine de chef d'orchestre. Cette grande cabine à fenêtre montée sur roulettes permettait à un chef d'orchestre d'entendre le signal musical diffusé depuis le studio tout en dirigeant les musiciens. Neuf ans plus tard, ces nouvelles installations détenaient encore une réputation enviable au sein de la communauté des radiodiffuseurs canadiens. En février 1939, le *Globe* écrivait que la station CFRB possédait «le studio et la régie les plus complets au Canada, avec trois studios et six pupitres de commandes, un système d'éclairage au néon et une horloge maîtresse dans la régie qui commande toutes les horloges de studio et fait également clignoter des voyants rouges à intervalles déterminés pour avertir les artistes et les techniciens de la fin prochaine des émissions de radio.»

CFRB était maintenant la plus importante station de radio indépendante au Canada. Elle distribua un livre de 32 pages superbement illustré intitulé «Broadcasting: The Story of CFRB • The Rogers Batteryless Station associated with The Columbia Broadcasting

System ». Le livre, qui passait en revue les installations et les activités de la station, s'ouvrait sur une lettre de Ted Rogers :

Message aux auditeurs
Les propriétaires de la station CFRB ont toujours eu pour objectif de maintenir la station sans piles Rogers au premier rang du développement et du progrès de la radiodiffusion. Pour réaliser notre objectif, nous avons mis en service quatre émetteurs en quatre années de fonctionnement, chacun d'eux représentant un pas en avant en matière de puissance, de modulation et de qualité sonore. Toutefois, le développement de CFRB ne se réduit pas à son seul émetteur. Chacune des améliorations techniques apportées dans le domaine de la radiodiffusion en général a contribué par son ajout à l'amélioration continue de notre station. Les auditeurs peuvent être assurés que la station Rogers sans piles, toujours à l'avant-garde du temps, les servira comme seule une station de radio qui se modernise constamment peut servir ses auditeurs.

Le président,
Edward S. Rogers
Canadian Radio Corporation Limited

Au cours des mois précédant le déménagement, Ted Rogers avait conçu et fabriqué de nouveaux appareils destinés à la station émettrice d'Aurora. Ces améliorations consistaient en une dizaine de tonnes de matériel entièrement canadien, dont un nouveau jeu de tubes et de transformateurs. Ce matériel de radiodiffusion, le plus moderne sur tout le continent, offrait la possibilité de réaliser une meilleure pénétration radiophonique et de produire un son plus pur. C'est dans ce contexte qu'en janvier 1932, CFRB déposa une demande auprès du ministère de la Marine et des Pêcheries en vue d'augmenter sa puissance d'émission. Il est intéressant de noter que cette demande fut appuyée personnellement par le premier ministre R. B. Bennett. La demande fut agréée en avril, et la puissance d'émission du signal de CFRB fut portée à 10 000 watts, soit le double de la puissance de CBC à Toronto. CFRB devenait ainsi la station canadienne ayant le plus important rayonnement. Ses émissions pouvaient doré-navant être entendues à 3620 kilomètres de Toronto.

Au début de l'année suivante, CFRB produisit une brochure portant sur les nouveaux pylônes d'émission qu'elle faisait ériger. La brochure était illustrée d'un croquis à l'encre rouge montrant l'aspect qu'auraient les pylônes. La publication était intitulée :

«Les nouvelles ailes de la parole :
Les nouveaux pylônes d'émission de CFRB porteront les mots plus loin et les feront sonner davantage»

Conformément à ce qui avait été annoncé, en avril 1933, les pylônes d'émission en bois de CFRB à Aurora furent remplacés par deux pylônes en acier de 90 mètres de hauteur situés à 180 mètres l'un de l'autre et qui constituaient les antennes les plus élevées en Amérique du Nord. Ces antennes étaient de conception et de cons-truction entièrement canadiennes et avaient une puissance de crête de 40 000 watts. Elle furent inaugurées par le ministre du Bien-être social, W.G. Martin, au cours d'une émission spéciale de 45 minutes. Une photographie accompagnée d'une légende détaillée décrivant les nouveaux pylônes fut publiée par le *Globe* sous le titre : «Les nouvelles antennes d'où provient le signal de 10 000 watts de CFRB : la voix du géant canadien». Le *Globe* publia également un article sur l'émission inaugurale des nouveaux pylônes en première page de sa section d'informations locales, ainsi qu'un second article dans la chronique radio intitulé «Le chant du cygne de l'ancienne station CFRB, l'envol de la nouvelle "RB"». Le *Toronto Telegram* reproduisit une photo dont la légende disait : «Les nouveaux pylônes d'antenne de CFRB, les plus hauts au Canada», et le magazine *Radio Trade Builder* publia un article au sujet de l'importante innovation réalisée par la station.

Grâce à la qualité de sa programmation et à sa puissance de dif-fusion, CFRB se fit remarquer aux États-Unis. La station fit l'objet d'un article dans le *New York Sun* en février 1936. L'article relatait les

Edward Samuel « Ted » Rogers, 1935

Velma M. Rogers, 1935

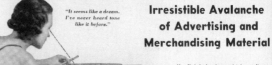

The Big Attack!

Target Tuning Ties Competition Prices

"It seems like a dream. I've never heard tone like it before."

Irresistible Avalanche of Advertising and Merchandising Material

Yes, Sir! And make no mistake—radio prospects are hearing and reading about this New-Type Rogers Radio through —

- Newspaper advertisements now appearing coast to coast.
- Broadcast messages on the air daily.
- Billboard posters confronting thousands.
- Folders — De Luxe Broadsides — Dealer Ads—Blotters—Handbills—Dealer Cuts —Radio Log Books—Life-Size Displays of Radio — Jumbo Cut-Out with Life-Size Model Admiring Set.
- Two Easel Cut-Out Displays for top of Radios.
- Instruction Cards for Front of Radios!

Get in on the Rogers line. Contact your nearest distributor immediately.

Entirely New Type

ROGERS
RADIO

DISTRIBUTORS

RS MAJESTIC CORPORATION LIMITED

Montreal   St. John   Winnipeg

Limited, Calgary — Taylor and Pearson, Limited, Edmonton — H. R. Carson Regina, Saskatoon and Yorkton — Crowell Bros., Limited, Halifax.

RADIO AND ELECTRICAL SALES for September, 1935

Les récepteurs Rogers faisaient bonne figure dans les foyers aisés d'un bout à l'autre du pays. Annonces publicitaires datant de 1935 et de 1929 (ci-dessous)

Avec ses deux pylônes jumeaux en
acier de 90 m de hauteur, l'antenne
de la station CFRB était la plus haute
au Canada au moment de sa
construction, en 1933.

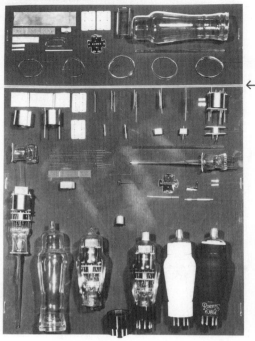

ROGERS RADIO TUBES LIMITED

À gauche : Publicité montrant de quoi étaient faits les tubes Rogers. Il s'agit ici du tube à courant alternatif Rogers ayant permis la fabrication des premiers récepteurs radio entièrement électriques au monde. Le «contenu canadien» des tubes est fièrement mis en évidence.
Ci-dessous : Enseigne au néon géante en forme de tube radio fixée latéralement au mur de l'usine Rogers-Majestic, vers 1932

Ci-dessus : Vitrine mettant en valeur les tubes à courant alternatif Rogers, 1931

Ci-contre, en haut : Stand de CFRB à l'Exposition nationale canadienne, 1934

Ci-contre, à gauche : Microphone combiné exclusif à CFRB, 1931

Ci-contre, à droite : Texte suggérant diverses présentations de la station, sur papier à en-tête officielle de la compagnie

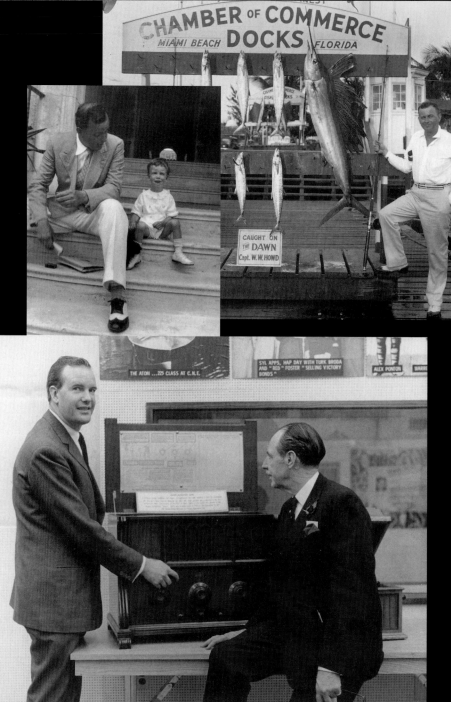

En haut, à droite : Une journée de vacances fructueuse
En haut, à gauche : Ted Rogers père et Ted Rogers fils, 1936
Ci-dessus : Ted Rogers fils, jeune homme d'affaires de 27 ans en 1960,
syntonisant un poste de radio Rogers sans piles datant de 1925

nouvelles techniques de radiodiffusion mises en œuvre à CFRB. Au début de l'année suivante, CFRB était citée tout spécialement par *Variety*, la plus importante publication commerciale américaine en matière de divertissement, qui la qualifiait de « meilleure station de radio canadienne au classement général ».

Un incident particulier permit au personnel de CFRB de démontrer ses compétences. Aux premières heures du matin, le 20 août 1934, un incendie ravagea la régie centrale, transformant les installations de radiodiffusion spécialisées qui s'y trouvaient en un amas de ferraille fondue et noircie. Les ingénieurs de la station, les techniciens de la compagnie de téléphone Bell et les électriciens de la compagnie d'électricité travaillèrent jusqu'à l'aube pour monter une console temporaire. CFRB entra en ondes à 7 h 30 comme d'habitude, sans avoir perdu une seule minute, et la station conserva son record de sept ans de radiodiffusion ininterrompue. Quatre jours plus tard, la régie centrale avait été remise à l'état initial.

Suivant une tradition commencée neuf ans plus tôt, Rogers-Majestic tint à nouveau un stand à l'Exposition nationale canadienne de 1934. Cette fois, CFRB était intégrée à la présentation, ce qui permit de réaliser une autre « première radiophonique ». En effet, la station y présentait son dynamique « studio de cristal », sorte de modèle coupé de studio en verre transparent qui permettait d'observer le fonctionnement d'un studio de radio. Le stand attira des foules énormes venues assister à ses émissions en direct. De chaque côté du studio de cristal, des étalages illuminés présentaient des produits fabriqués et vendus par la Canadian Radio Corporation Limited, soit essentiellement des récepteurs Rogers, Majestic et De Forest-Crosley. Ted Rogers surnomma plaisamment le studio de cristal « l'aquarium ».

Ted Rogers fit également quelques incursions dans des domaines extérieurs à CFRB mais rattachés à la radio. Le 25 septembre 1930, une des premières licences de télédiffusion expérimentale au Canada lui fut concédée, sous l'appellation VE9RM, « VE9 » étant le code normalisé assigné par le gouvernement à toutes les licences de transmission, et les lettres « RM » choisies par Ted signifiant Rogers-Majestic. Cette licence de télédiffusion, l'une des quatre qui aient été accordées, démontrait la réelle clairvoyance de Ted. Après tout, la télévision n'allait devenir une réalité au Canada qu'en 1948. Les premières expérimentations en relation avec la licence obtenue eurent lieu en août 1933. Foster Hewitt et Gordon Sinclair, deux vedettes de CFRB, participèrent à une démonstration de projection télévisuelle en circuit fermé au magasin Eaton, rue College à Toronto. Hewitt, Sinclair et un groupe de musiciens s'exécutaient devant une caméra de télévision qui transmettait l'image à des écrans auxquels elle était reliée par fil et qui se trouvaient quelques mètres plus loin. Réalisée par CFRB en association avec Western TV de Chicago, cette première démonstration publique de télévision à Toronto attira une foule nombreuse et intéressée. L'événement fut rapporté par le journal *The Daily Mail and Empire*. Ted et CFRB restaient sans contredit branchés sur leur époque, car la télévision avait été inventée en Angleterre en 1929. Ce nouveau média fit son entrée aux États-Unis en juillet 1930 et fut présenté en démonstration pour la première fois en sol canadien à Montréal en octobre 1932.

Afin de renforcer sa position dans l'industrie canadienne de la radiodiffusion, Ted établit un partenariat avec le président de CFRB, Harry Sedgewick, et son ami Frank Ryan pour créer Western Ontario Broadcasting Limited. Cette compagnie fonda et dirigea la station de radio CKOK qui prit l'antenne le 31 mai 1932. CKOK, l'une des premières stations de Windsor, en Ontario, devint une station affiliée de CBS dès sa deuxième journée de diffusion. En novembre 1933, CKOK fusionna avec la station CJGC de London, qui était dirigée depuis sa fondation en 1924 par le journal *London Free Press*, et fut rebaptisée CKLW («LW» pour London-Windsor).

Les entreprises Rogers ne limitèrent pas leur présence dans le monde de la radiophonie à la fabrication de récepteurs et à la diffusion d'émissions de radio. Ted Rogers joua un rôle actif dans la formation de la compagnie Canadian Radio Patents Limited (CRPL) en novembre 1926. Ce consortium se composait des entreprises Standard Radio Manufacturing, Canadian Marconi Company, Canadian Westinghouse Company, Canadian General Electric Company et Northern Electric Company. Ces cinq compagnies mettaient leurs brevets en commun et accordaient des privilèges de sous-licence à chacune des compagnies participantes. Ainsi, un même fabricant pouvait détenir une licence complète lui permettant de fabriquer des récepteurs radio au Canada en exploitant les brevets de toutes les entreprises du groupe. La CRPL percevait une redevance sur chaque récepteur vendu par les membres du groupe et, chaque année, les revenus de redevances étaient redistribués aux membres du consortium au prorata de la valeur de chaque brevet. La CRPL simplifiait la gestion des brevets, éliminait les procédures juridiques coûteuses et permettait aux entreprises membres de partager un ensemble de connaissances techniques et de faire avancer l'art de la production radiophonique. Canadian Radio Patents Limited fit aussi paraître dans des revues spécialisées des avis sur les brevets en sa possession et sur ses activités. En novembre 1927, 12 autres fabricants de radios s'étaient joints au groupe, dont De Forest Radio Corporation, Stromberg-Carlson et Canadian Brands. En juin 1929, quatre autres entreprises avaient été admises au sein du groupe, dont Philco, ce qui mettait à la disposition de CRPL un large éventail de brevets. En août 1930, Rogers-Majestic proposa un programme d'examen et d'enregistrement auquel les réparateurs de radio seraient soumis partout au Canada. L'examen et la certification des candidats devaient être confiés au Radio College of Canada. En décembre, Rogers-Majestic s'associa avec lui pour créer la Radio Servicemen's Association of Canada. Celle-ci accordait un permis aux techniciens radio compétents ayant passé avec succès un examen pratique de réparation, ce qui leur donnait le droit de faire partie de l'association et de porter l'insigne de la RSA.

La compagnie Rogers-Majestic et la station CFRB démontrèrent qu'elles savaient également faire place aux valeurs sociales. Peut-être à cause de son éducation religieuse quaker et certainement à cause de l'exemple que lui avaient fourni son grand-père et son père, Ted Rogers savait qu'il avait une responsabilité envers sa communauté. En septembre 1931, CFRB diffusa la première émission «Le forum des ondes». À titre de service public, CFRB offrait du temps d'antenne à des personnes à la recherche d'une tribune pour exprimer divers points de vue politiques et sociaux. La série d'émissions «Les programmes de l'Université de Toronto» débuta à CFRB en janvier 1932. Cette émission éducative était diffusée tous les soirs sauf le dimanche. Des professeurs de l'Université de Toronto y parlaient de sujets allant de la géologie à l'histoire, en passant par les sciences, la littérature et l'architecture. Lorsque les répercussions de la Crise de 1929 commencèrent à se faire sentir au Canada, Rogers-Majestic et CFRB apportèrent leur aide à la population. En avril 1932, CFRB s'associa avec d'autres stations de radio de Toronto pour réaliser une émission spéciale de 90 minutes mettant en vedette des personnalités sportives et des gens connus afin de venir en aide au «club des 50 000» dans sa «campagne de financement pour le soulagement du chômage». Pendant les fêtes de Noël 1934, la guilde des employés de Rogers-Majestic choisit 80 familles nécessiteuses dans la région de Toronto à qui elle offrit des paniers de nourriture, de vêtements et de jouets. Les membres de la guilde firent eux-mêmes la livraison des paniers aux familles.

Ted Rogers savait que des employés heureux sont de bons et fidèles employés. À partir de 1927, la Rogers Radio Company organisa des congrès de vendeurs à Toronto pour présenter ses nouveaux modèles de récepteurs et pour remercier les détaillants qui vendaient leurs produits dans tout le pays. En janvier 1930, la compagnie organisa une tournée de la «caravane transcanadienne» animée par Bert Trestrail, qui visita les grandes villes, de Vancouver à Halifax, invitant partout à dîner les vendeurs et les réparateurs locaux. Le même mois, la compagnie Rogers-Majestic organisa des compétitions de softball, de quilles et de hockey pour ses équipes d'employés, hommes et femmes. En juillet 1931, Ted parraina le premier pique-nique annuel des employés de Rogers-Majestic au parc Huttonville, près de Toronto. Environ 600 employés et leurs familles profitèrent d'un après-midi de rafraîchissements, de volley-ball, de football, de fer-à-cheval et de sports aquatiques, ainsi que d'une soirée de danse.

Le travail que Ted Rogers avait accompli dans le domaine de la radiodiffusion lui valut la reconnaissance de ses pairs. En mai 1927, il fut élu à la section torontoise de l'Institute of Radio Engineers (IRE) lors de l'assemblée générale annuelle de cet organisme. L'IRE avait vu le jour à New York en mai 1912 à la suite de la fusion de la Society of Wireless Telegraph Engineers, créée à Boston en 1907, et du Wireless Institute, créé en 1909 à New York. Le but de l'IRE était de faire avancer l'art et les techniques de radiocommunication. La section de Toronto avait été créée en mai 1925. Le groupe comptait quatre paliers d'adhésion correspondant à des niveaux différents d'expérience et de compétence. Ted fut admis au rang de « membre », soit le deuxième niveau, dont les exigences étaient d'être âgé d'au moins 25 ans, d'avoir été actif dans le domaine de la technique radio pendant 4 ans et d'être recommandé par 5 autres membres de l'IRE. Ted demeura membre de l'IRE tout le reste de sa carrière. En juin 1930, Ted Rogers et son personnel de direction participèrent au congrès et au salon de la Radio Manufacturers' Association qui se tenait à Atlantic City au New Jersey. Avec dix personnes déléguées, la Rogers-Majestic était la compagnie la mieux représentée de toutes les entreprises nord-américaines présentes. En novembre de la même année, Bert Trestrail prononça le discours-programme de l'Electric Club de Toronto lors d'une assemblée de l'organisme. Son discours, intitulé « La romance de la radio », rendait hommage à l'œuvre de Ted Rogers et au tube à courant alternatif Rogers. Trestrail rappelait que « le récepteur sans piles avait été offert au monde de la radiodiffusion par un jeune Canadien ». Il poursuivait en expliquant comment les récepteurs sans piles Rogers avaient contribué, au nom du Canada, au développement de la radiotechnique et en rappelant que la radio représentait alors la sixième industrie en importance en Amérique. En mai 1933, Ted fut élu directeur de la Radio Manufacturers' Association of Canada, la branche canadienne de la RMA, qui avait été fondée en juin 1931. Et 11 mois plus tard, Ted et Harry Sedgewick témoignèrent de l'impact de la programmation radiophonique sur la nation ainsi que de l'avenir de la radio aux audiences du comité sur la Loi canadienne de la radiodiffusion à la Chambre des communes à Ottawa.

C'est au cours de cette époque merveilleuse des débuts de Rogers-Majestic et de CFRB que Ted mit un terme à son célibat. Il avait rencontré Velma Melissa Taylor à l'occasion d'une réunion mondaine quand ils étaient étudiants à l'Université de Toronto, lui en génie électrique, elle en arts. Velma était la fille de William J. Taylor, éminent entrepreneur de Woodstock en Ontario. L'attrait fut mutuel et les fréquentations se poursuivirent pendant huit années, au cours desquelles Ted mit sur le marché la radio sans piles Rogers et lança la station CFRB, accumulant les succès aux côtés de Velma. Le samedi 1er février 1930, Ted Rogers épousa Velma Taylor. Il y eut d'abord une cérémonie à l'église baptiste de la rue Bloor à Toronto. Ensuite, la noce se transporta à Newmarket, où un autre service religieux fut célébré selon les rites de la foi quaker. Le mariage avait un caractère privé et paisible, et aucun avis ne fut publié dans les journaux de Toronto. Les nouveaux mariés prirent un long congé de deux mois et se rendirent en lune de miel en Floride, en Jamaïque et à Cuba. À leur retour à Toronto, ils s'établirent pour la première fois au 12, avenue Edmund, dans une grande maison en briques située dans le quartier torontois de Forest Hill, près de l'intersection du chemin Avenue et de l'avenue St. Clair, tout près de la maison qu'habitaient les parents de Ted, chemin Poplar Plains. Leurs photographies furent publiées dans le numéro du 31 mars du *Globe* sous une légende qui disait : « Romance au pays de la radio ». Le couple que formaient les époux était fort impressionnant, lui grand et avenant jeune inventeur et brillant homme d'affaires au regard bleu et perçant, elle presque aussi grande que son mari, belle et élégante, habillée avec goût et dont les cheveux aux boucles cuivrées étaient coiffés près de la tête comme le voulait la mode du temps. Le 27 mai 1933, le couple devint une famille avec la naissance d'un fils, nommé Edward S. « Ted » Rogers fils en l'honneur de son père. Le poupon radieux et joufflu fut accueilli avec amour par ses parents et fut baptisé dans la foi baptiste au cours des mois suivants. En mai 1934, Ted Rogers installa son épouse et son fils de un an dans une imposante maison de pierre au 405, chemin Glen Ayr, au nord de Forest Hill Village. Pendant que le petit Ted recevait des soins attentifs et que Velma s'occupait de l'aménagement de leur maison, Ted père ne tarda pas à installer un laboratoire radio au sous-sol en vue d'y effectuer ses expériences de communications.

Ted reçut des marques de reconnaissance de sa communauté également. Il mérita une inscription dans le prestigieux *Who's Who in Canada 1928-29*, catalogue biographique annuel illustré d'hommes et de femmes faisant partie de l'actualité. C'était assez remarquable pour un jeune homme de 27 ans. Il rejoignait ainsi son arrière-grand-père Elias, le cousin de son père Alfred et son père Albert, qui avaient fait collectivement leur apparition dans l'édition de 1917. L'article sur Ted se lisait ainsi :

Edward Samuel Rogers

ROGERS, Edward Samuel – Vice-président, Standard Radio Manufacturing Limited (fondée en 1924), 90, rue Chestnut, Toronto, Ontario ; vice-président, Rogers Radio Tubes Limited. Né à Toronto le 21 juin 1900, fils d'Albert S. et de Mary ; école, à Toronto ; Université de Toronto. Aussi (Elsworth) Rogers. Formation universitaire ; à sa sortie de l'université, en 1922, entre au service de l'Independent Telephone Company à titre d'ingénieur ; en 1924–25, consacre une somme de temps considérable à des travaux de recherche et fonde les sociétés Standard Radio Manufacturing Corporation, Limited et Rogers Radio Tubes, Limited, où il est nommé au poste de vice-président, qu'il occupe encore aujourd'hui. Clubs : R.C.Y.C., Granite. Loisirs : navigation de plaisance, équitation, tourisme automobile. Société religieuse des amis. Résidence : 103, chemin Poplar Plains, Toronto, Ontario.

À l'automne 1934, la position sociale de Ted et Velma Rogers atteignit un point culminant quand ils firent leur première apparition dans le *Torontonian Society Blue Book and Club Membership Register : The Social Register for the 1934–35 Season*. Ted était inscrit comme membre en règle du Granite Club, du Royal Canadian Yacht Club et du York Downs Golf Club, tandis que son épouse était membre du Ladies' Golf and Tennis Club.

Ted bénéficia également d'un accueil extraordinaire dans les pages des journaux torontois. En 1933, le *Toronto Telegram* créa une chronique où on analysait les signatures de personnes importantes. Le 11 mai, la chronique « Écriture et caractère » décrivait le profil psychologique de Ted à partir de l'écriture de son nom, Edward S. Rogers :

La principale caractéristique de cette signature est l'imagination, celle qui sait non seulement prévoir mais également créer les occasions favorables. Cet homme a un type d'esprit inventif et ingénieux. Il a confiance en lui, il est autonome et recherche les responsabilités. En même temps que l'on peut reconnaître les signes d'un esprit pratique puissant et d'une habileté administrative marquée, on reconnaît également les signes non moins puissants et marqués d'un esprit rêveur et idéaliste, d'une grande sensibilité et d'une grande compassion humaine. D'un côté, ambition, intrépidité, puissance de la maturité. De l'autre, aspirations élevées, intérêt pour les causes humanitaires, esthétisme et charme caractéristiques de la jeunesse. D'un côté comme de l'autre, résolution, dignité et grande réserve.

En février 1934, le *Globe* publia un cahier spécial de 24 pages intitulé « Les bâtisseurs du Toronto métropolitain » qui soulignait l'apport de citoyens torontois en vue au développement de leur ville. Une photographie de Ted dans une attitude sérieuse et portant la mention « Edward S. Rogers, président, Rogers-Majestic Corporation » était reproduite à la page 6 du cahier, qui le situait au 144e rang sur 792 personnes décrites. Il avait aussi l'honneur d'être l'un des plus jeunes hommes d'affaires retenus.

Ted Rogers et Rogers-Majestic firent l'objet d'un étonnant reportage spécial de sept pages dans le *Globe*. Celui-ci débutait par une grande photographie officielle de Ted utilisée à cette époque, accompagnée de la légende suivante : « L'homme dont le génie a créé la radio sans piles ». L'article présentait l'usine Rogers-Majestic ainsi que ses principaux administrateurs. Fait particulièrement important, on demanda à Ted d'écrire l'article de tête du reportage. C'était la première fois qu'il écrivait pour un journal, et son texte révéla bien son intelligence et sa grande facilité d'expression :

La qualité croissante de la diffusion
est gage d'un avenir florissant pour la radio –
et les nouveaux récepteurs suivent le mouvement.

––––––––

E. S. Rogers explique pourquoi
la radio doit continuer de progresser.

On ne s'étonnera pas de ce qu'un fabricant prédise un brillant
avenir à son produit. Or, quand je déclare que le meilleur reste
encore à venir pour l'industrie de la radio, je fonde cette
affirmation sur quelque chose de plus qu'une confiance
personnelle dans notre produit.

La raison de notre confiance

Le principal facteur qui explique que je sois si sûr de l'avenir, c'est
la radiodiffusion. Celle-ci ne cesse de progresser. Nous commen-
çons à peine à comprendre les rudiments de la technique de
radiodiffusion et la place que la radio pourrait tenir dans notre vie
quotidienne.

Tant que la diffusion continue de s'améliorer au rythme où
elle l'a fait jusqu'ici, les perspectives d'avenir de la radio sont
excellentes.

Le récepteur radio lui-même a connu des avancées extraordinaires. Atteignant une qualité de réception de plus en plus
grande, le récepteur moderne offre un son de plus en plus har-
monieux et puissant et une tonalité toujours meilleure. Il est
extrêmement efficace et hautement satisfaisant.

La force sous-jacente

Derrière tout cela, il y a cette force extraordinaire qu'est la
radiodiffusion. Combien d'auditeurs, en écoutant une émission
dans le confort de leur foyer, s'arrêtent à penser aux heures de
préparation et de répétitions qui ont précédé la diffusion comme

telle ? Une bonne émission de radio aura été conçue et répétée avec autant de soins que bien des pièces de théâtre.

Pas de demi-mesure

Le directeur du studio ou la personne qui «achète du temps» sur les ondes est bien conscient qu'il a la possibilité de capter l'attention de milliers d'auditeurs et de les intéresser à son émission ou bien de les faire fuir. La première impression produite par son émission sur l'auditeur détermine si ce dernier restera à l'écoute ou s'il fermera le poste. En radiodiffusion, il n'y a pas de demi-mesure : ou bien le récepteur reproduit l'émission, ou bien il est complètement fermé. Une annonce publicitaire imprimée dans un journal peut laisser une impression dans l'esprit du lecteur sans avoir été lue. Ce n'est pas le cas avec la radio. En règle générale, l'auditoire reçoit le message radiophonique en entier ou ne le reçoit pas du tout. Une bonne émission de radio trouve vite sa récompense. Elle gagne des auditeurs réguliers tout comme un feuilleton capte l'intérêt et gagne des lecteurs réguliers.

Quant à l'art de la radio, à l'art du divertissement par la voie des ondes, je crois que nous n'en sommes qu'à l'enfance de l'art dans ce domaine. De plus grandes choses encore nous attendent. C'est pourquoi j'affirme que la radio a un avenir qu'aucun de nous ne peut soupçonner.

Le plus grand facteur d'unité

Ici, au Canada, en cette veille d'élection nationale, nous voyons que la radio joue un rôle considérable dans la formation des opinions de la population. Grâce aux liens en chaîne qu'elle peut établir, la radio offre à l'homme ou à la femme qui se trouve dans les Maritimes la possibilité de partager les idées émises par celui ou celle qui se trouve en Colombie-Britannique. La radio est la plus importante force susceptible d'unifier un pays et un peuple.

La radio est le plus grand émissaire de paix que le monde ait jamais connu. La radio fait davantage pour amener une compréhension entre les nations que tout autre moyen. Pensez seulement au contact étroit et au rapprochement entre les peuples du Canada et des États-Unis qui ont été favorisés par l'échange d'émissions de radio. Tout comme des émissions américaines parviennent aux oreilles d'auditeurs canadiens, des émissions en provenance du Canada sont entendues par nos voisins du sud. Des liens en chaîne ayant leur origine au Canada sont acheminés par un système semblable de stations en chaîne dans tous les coins et recoins des États-Unis.

LE MEILLEUR RESTE À VENIR

Dans les domaines de l'avancement des sciences, de l'éducation, des religions, du divertissement, de la transmission de l'information, de la politique, le monde n'a vu jusqu'ici qu'une fraction de ce qu'il y a en réserve, maintenant et dans l'avenir, pour ceux qui possèdent un récepteur radio.

Ted Rogers et ses antécédents radiophoniques firent aussi l'objet d'un article de fond publié dans le *Toronto Star Weekly* en avril 1933 et intitulé «Du hobby à l'entreprise géante». Cet intérêt était particulièrement digne de mention car, en règle générale, le *Toronto Star* couvrait presque exclusivement sa propre station de radio, CFCA. Que le *Toronto Star* s'aventure ainsi au-delà de son «radiodiffuseur maison» était bien la preuve de l'importance qu'avaient Ted Rogers et ses entreprises radio et de l'intérêt qu'ils suscitaient. En juillet de l'année suivante, Ted fit encore une fois l'objet d'un important article d'une demi-page, cette fois dans le *Toronto Evening Telegram*. Ses réalisations dans le domaine de la radio y étaient examinées en détail, mais ce qui ajoutait à l'intérêt de l'article, c'était que Ted y était interviewé et livrait ses commentaires sur les possibilités d'avenir de la télédiffusion. «Ce que nous verrons, ce sera une haute tour à Toronto, par exemple, et un opérateur qui projettera les images d'un match de hockey, d'un combat de boxe, d'un match de lutte, d'une assemblée politique ou de quelque autre divertissement destiné au public, pendant que les gens seront chez eux et regarderont ces événements avec leur propre appareil.»

Ted Rogers se retrouva à la présidence de la plus importante entreprise de fabrication de matériel radio au Canada et à la tête de la plus importante et de la plus puissante station de radio du pays. Ses appareils radio étaient présents dans les maisons partout au Canada, et ses émissions de radio pouvaient être entendues d'un océan à l'autre. Il était l'un des plus jeunes industriels dans un secteur clé et, à ce titre – quoique un peu malgré lui –, il était devenu une personnalité médiatique. Il possédait une grande maison dans le quartier le plus chic de Toronto, une rutilante Packard et un impressionnant yacht privé. Il était aussi et surtout un chef de famille heureux, entouré d'une belle et tendre épouse et d'un héritier portant son nom. Il était, au dire de tous, l'image même de la réussite. Ted faisait aussi la fierté de bien des gens. Fils, frère, époux, père, ami, inventeur, radio-diffuseur, homme d'affaires, employeur, personnage connu, héros national des communications – tels étaient les divers rôles de Ted Rogers. Tout en jouissant d'une vie privilégiée, il dut affronter et surmonter des difficultés et des épreuves nombreuses et travailler pendant de longues heures dans son laboratoire ou à la table de négociation pour mener à bien ses entreprises. Lorsqu'un projet était réalisé, loin de s'asseoir sur ses lauriers, il cherchait la prochaine possibilité à exploiter. Lorsqu'il l'avait trouvée, il la saisissait avec une ardeur caractéristique. Ted était un homme honorable et fortement attaché à ses valeurs – un modèle professionnel au sourire facile et aux manières calmes, prêt à consacrer du temps aux nombreuses personnes qui désiraient le rencontrer. Ted Rogers était de la race des hommes exceptionnels, l'un des maîtres d'œuvre de son époque.

Canadian Radio Corporation Limited

WINNIPEG ·· MONTREAL

___

TORONTO 2, CANADA

ADDRESS ALL COMMUNICATIONS TO THE
CORPORATION — NOT TO INDIVIDUALS.

MAIN PLANT   PLANT NO. 2

May 10, 1939.

IN MEMORIAM

Our beloved "Ted" Rogers is gone.

Just 14 years, almost to the month, after he had perfected and introduced the world's first successful Batteryless Radio, which revolutionized radio reception, young "Ted" Rogers passed away during the night of Friday, May 5, 1939, at the Toronto General Hospital, after only 48 hours of illness.

Only about a month away from his 39th birthday his end came suddenly, unexpected and dramatic. Active and in good spirits, he spent an exceedingly busy day on Wednesday and Wednesday evening, May 3rd.

During the night he suffered his first attack and was removed to the hospital, where despite an operation, blood transfusions and every possible effort, he died after 48 hours, but not before putting up a characteristically stubborn and gallant fight. From an apparently hopeless condition Thursday night he rallied and late Friday was given a fighting chance to survive when suddenly, sadly weakened after a vain struggle, he passed away.

In our organization are a score or more of boys and girls today who have been associated with "Ted" almost continuously ever since the start of the Rogers Batteryless Radio, when, in a world of doubt, dire prophecies and misgivings, he formed the foundation of what eventually developed into the largest organization of its kind in Canada.

Also associated with us today are another score or more of employees who, during those early days of pioneer development, formed the backbone of the keenest competition we then had--DeForest Crosley.

To all of these old associates, as well as to the hundreds of newer ones and, of course, to the jobbers, dealers, and their salesmen and servicemen, "Ted" will always be remembered as a shy, modest and unassuming young genius, who, at our conventions or meetings, could barely be persuaded to rise and accept, with a bow, the tribute of his admirers.

Developing in recent years into a tall, robust, young man, with many responsibilities and activities, he still remained a boy at heart and

Chapitre six

Requiem pour un génie

Selon son entourage, le mercredi 3 mai 1939 avait été pour Ted Rogers une journée particulièrement trépidante. Après s'être acquitté d'un horaire de travail long et chargé, il quitta enfin son bureau à la brunante et remonta le chemin Spadina vers le nord dans sa Packard blanche. Il se mêla patiemment à une circulation de fin de journée un peu lente en raison d'un orage récent qui avait détrempé les rues, l'esprit sans doute occupé à préparer ses tâches du lendemain. De retour à la maison, il partagea le repas du soir avec Velma, Ted fils et leurs invités. Le jeune Ted fut ensuite mis au lit tandis que Velma se retirait pour lire et que Ted descendait au sous-sol pour procéder à quelque expérience de radio dans son laboratoire de fortune – sa manière préférée de se détendre après une longue journée à l'usine.

Soudain, tard dans la soirée, Velma fut réveillée par des bruits d'expectoration et des geignements inintelligibles. Elle vit que Ted n'était plus dans son lit et remarqua la lumière qui sortait de la salle de bain principale, dont la porte était légèrement entrebâillée. Elle s'approcha et appela son mari, mais ne reçut pas de réponse. Velma posa alors sa main sur la porte et l'ouvrit doucement. Ted était affaissé au-dessus du lavabo, apparemment inconscient. De grosses gouttes rouges tachaient le papier peint, et il avait du sang aux commissures des lèvres.

Une ambulance arriva au 405, chemin Glen Ayr, et Ted fut transporté rapidement au Toronto General Hospital, où le diagnostic révéla une combinaison de problèmes qui aurait facilement eu raison d'un homme plus faible. Un ulcère dû au stress extrême et au surmenage avait provoqué une hémorragie gastrique en même temps qu'un anévrisme s'était rompu. Ted fut opéré d'urgence et reçut des transfusions sanguines et des médicaments. On l'installa dans le pavillon des chambres privées afin de le laisser dormir et récupérer. Le vendredi, à la fin de l'après-midi, le pronostic paraissait excellent et il semblait reprendre des forces. Mais une nouvelle crise, imprévisible, le frappa. En effet, il subit une seconde attaque et mourut tôt le samedi matin 6 mai 1939, à l'âge de 38 ans.

Ce fut un choc énorme pour sa famille, pour la communauté d'affaires de Toronto, pour ses admirateurs et pour l'industrie de la radio en général. Les journaux torontois du matin publièrent la nouvelle. «Edward Rogers, qui nous a donné la radio branchée sur le circuit d'alimentation, s'éteint à 38 ans», titrait le *Toronto Star*, soulignant dans un article substantiel les principaux jalons de la vie de Ted:

> Ted Rogers découvrit que son tube radio branché sur une douille d'ampoule transmettait un son pur et une musique agréable. Exactement un an après avoir rapporté des États-Unis le tube «impossible», il mit sur le marché mondial le premier récepteur radio branché sur une douille d'ampoule. C'était en 1925. C'est ce récepteur qui a mené à l'utilisation massive des récepteurs sans piles dont l'usage s'est répandu universellement. On a dit que la grande station de radio canadienne CFRB pourrait s'appeler 3 BP plus, puisque c'est à partir de cette station que Ted Rogers a pu s'adresser à tant de collègues chercheurs dans le domaine de la radio.

Comme l'écrivit le *Toronto Telegram*:

> Edward Samuel Rogers découvrit et offrit au monde le principe du fonctionnement électronique des appareils radio domestiques.

En 1925, Ted Rogers lança sur le marché le premier récepteur radio électrique que le monde ait jamais connu. Cette découverte fut à l'origine de la fondation de la Rogers-Majestic Corporation dont il était le président au moment de sa mort. De la première station de radio, 3BP, naquit CFRB, la plus puissante station de radio privée au Canada, qu'il dirigea également. Sa mort est ressentie comme un coup dur dans les cercles radiophoniques. Depuis ses débuts, il avait travaillé pour le bien de la radiophonie canadienne et il s'était fait des milliers d'amis dans l'industrie radiophonique et à l'extérieur de celle-ci. Il était l'un des plus jeunes chefs d'entreprise au Canada.

Et dans le *Globe* :

Edward Samuel Rogers avait déjà offert au monde son récepteur radio électrique avant d'avoir atteint le milieu de la vingtaine. C'était un jeune homme qui refusait de laisser les obstacles lui barrer la route du succès. Son invention a apporté de grands bienfaits à l'humanité. Comme l'inventeur du téléphone et celui de l'ampoule électrique, Ted Rogers a souvent travaillé très tard la nuit avant de découvrir la solution à un problème qui avait déjoué bien des têtes grises. Il passait de longues heures dans des laboratoires et faisait fonctionner son petit poste émetteur le soir, lançant des signaux de l'autre côté des océans. Les jeunes gens comme les personnes plus âgées étaient impressionnés par sa réussite. Celle-ci devrait servir d'exemple à d'autres jeunes hommes enclins au défaitisme.

Dans la section radio internationale du numéro du 10 mai de *Variety*, on put lire le titre suivant : « Un pionnier canadien meurt à 38 ans : Ted Rogers, industriel et dirigeant de CFRB Toronto, a connu des succès spectaculaires. »

Les funérailles eurent lieu à la maison familiale le 8 mai. Amis, dignitaires, collègues et collaborateurs, y compris les dirigeants de diverses chaînes américaines de radiodiffusion, se rassemblèrent pour rendre un dernier hommage au disparu. Le service fut présidé par G. Raymond Booth de la Société religieuse des amis, de Toronto. Les porteurs furent Elsworth Rogers, Samuel Rogers, David Rogers, le docteur Allen Taylor, Harry Sedgewick et Henry Parker. Comme le soir tombait sur cette journée de bruine, Edward S. Rogers père fut mené à son dernier repos au cimetière Mount Pleasant.

Les représentants des sociétés dirigées par Ted Rogers soulignèrent de façon particulière la disparition de leur chef. Immédiatement avant le service funèbre, le président de CFRB, Harry Sedgewick, lut un hommage à Ted Rogers, qui fut diffusé par la station :

> Les Canadiens ont toutes les raisons d'être fiers que le premier poste de radio entièrement électrique au monde ait été fabriqué par Ted Rogers ici même à Toronto. Depuis ce temps, ses exceptionnelles contributions à la science des communications radio ont été nombreuses, et la radiodiffusion comme nous la connaissons aujourd'hui lui est grandement redevable. M. Rogers dirigeait les destinées de CFRB depuis le début, mais il était plus qu'un dirigeant pour cette station. Le miracle de la communication sans fil était au cœur de ses préoccupations depuis sa prime jeunesse. Avec tous, pourtant, du plus grand au plus humble, il a toujours su se montrer bienveillant, généreux et affable.

La station CFRB diffusa ensuite un émouvant largo de Händel, puis elle se tut, en signe de respect, de 15 h à 17 h, pendant que se déroulaient les funérailles.

Le 10 mai, Bert Trestrail, ami et associé de Ted Rogers depuis 1925, adressa une lettre commémorative de deux pages aux employés de la Canadian Radio Corporation. En voici un extrait qui exprime bien ses sentiments :

> Il y a juste 14 ans, à un mois près, il avait perfectionné et présenté le premier récepteur sans piles fonctionnel au monde, qui a révolutionné la réception radio. À une époque chargée de doutes, de mauvais augures et d'inquiétudes, il a été à l'origine de la

fondation de ce qui est devenu ensuite la plus importante organisation de sa catégorie au Canada.

Ses activités ont été nombreuses et variées. L'usine d'appareils radio, la fabrique de tubes et la station de radiodiffusion demeureront des monuments à sa mémoire et à son génie productif. À l'époque de leur réalisation, de tels projets avaient été jugés «tout à fait impossibles» par les ingénieurs et les laboratoires du temps. Nous nous souviendrons toujours de «Ted» comme d'un jeune génie timide, modeste et responsable qui, lors de nos congrès et de nos réunions, ne se levait pas sans réticence pour recevoir, avec humilité, les hommages de ses admirateurs.

On imagine facilement le climat de tristesse qui dut flotter comme un nuage noir au-dessus de l'usine de récepteurs radio et des studios de CFRB au cours des semaines qui suivirent. Les collègues et employés de Ted savaient néanmoins que celui-ci aurait voulu qu'ils continuent sans s'attarder outre mesure à pleurer sa disparition, aussi retournèrent-ils rapidement à leurs tâches, rassérénés à l'idée qu'ils poursuivaient son œuvre.

Bien que sa mort ait été soudaine et totalement inattendue, Ted Rogers avait vu à ce que son épouse et son fils ne manquent de rien advenant une telle situation. Il était un homme d'affaires consciencieux qui passait la plus grande partie de ses journées au bureau et la majorité de ses temps libres à réfléchir au travail, ce qui ne l'empêchait pas d'être également un homme fier de sa famille et de prendre très au sérieux son rôle d'époux, de père et de «pourvoyeur». Avant la fin du mois, la succession fut réglée et le testament homologué : Velma et Ted fils héritaient de propriétés, d'actions, de fonds et d'actifs d'une valeur totale de 384 243 $, une somme remarquable en cette époque de la Grande Crise au Canada. Toutefois, ils durent vendre les actifs reliés à la fabrication des appareils radio et à la radiodiffusion. Financièrement, ils ne manqueraient de rien. Velma pouvait demeurer confortablement dans la maison du chemin Glen Ayr pour le reste de ses jours. Quant au jeune Ted, la disparition de son père et la vente de l'entreprise allaient le hanter et le stimuler toute sa vie.

Edward S. « Ted » Rogers père a réalisé plus de choses en 38 ans que la plupart des gens pendant toute une vie. Sa fin tragiquement prématurée nous porte à rêver à toutes les merveilles que son esprit intuitif et son habileté manuelle auraient pu continuer d'apporter aux Canadiens et à la science des communications électriques dans le monde entier. Pratiquement toutes les hypothèses sont bonnes, mais un fait est indéniable : son glorieux parcours était annonciateur de bien d'autres innovations et inventions remarquables. Le nom de « Rogers » est à jamais lié à l'industrie des communications sans fil grâce à la compétence et au dynamisme d'un jeune visionnaire talentueux dont les inventions et les améliorations ont été réalisées pour le bien de tous.

Edward S. Rogers père à son domicile, au 103, chemin Poplar Plains, à Toronto, en 1922.

Chapitre sept

L'HÉRITAGE

Edward S. Rogers père est peut-être disparu, mais son influence demeure vive. D'abord, Velma Rogers garda vivant le souvenir de son mari au 405, chemin Glen Ayr en conservant dans l'état où il l'avait laissé le laboratoire radio installé au sous-sol, et ce, pendant des années après son décès. Elle exposa partout dans la maison de nombreux souvenirs de l'usine d'appareils radio et de la station CFRB et apprit à son fils Ted qu'il pouvait être fier de son père et de ses multiples réalisations. Avec les coupures de journaux, les photographies et tout le matériel imprimé qu'elle avait accumulés pendant des années, elle aida son fils à réaliser un volumineux album souvenir que Ted fils conserve encore aujourd'hui.

Velma épousa un éminent avocat de Toronto, John W. Graham, en juin 1941. Le couple avait fait connaissance lors d'un bal militaire, alors que John servait comme major dans le Corps blindé royal canadien de l'Armée canadienne. Pendant la Seconde Guerre mondiale, il servit au Canada, en Angleterre et dans le Nord-Ouest de l'Europe. Auparavant, le major Graham avait fait partie de la Garde du corps du gouverneur général, de 1930 à 1936, puis de la cavalerie de la Garde du gouverneur général, de 1936 à 1939. Il naquit à Ted fils une petite sœur, Ann Taylor Graham, en 1943. Après la guerre, John reprit son poste d'avocat général au service de l'Imperial Life Assurance Company et s'occupa de l'éducation de son fils adoptif et de sa fille.

Si Marconi fut le «père de la télégraphie sans fil» et Fessenden le «père de la programmation radiophonique», Ted Rogers père peut certainement être considéré comme le «jeune prodige» de la radio. Son travail et ses réalisations lui permettent à juste titre de prendre place au sein d'un groupe de héros des communications à l'échelle internationale. Des institutions et des organisations ont reconnu l'importance de l'œuvre d'Edward S. Rogers père de multiples façons. Ted Rogers et les récepteurs Rogers ont été présentés à deux reprises au Musée national des sciences et de la technologie à Ottawa. De plus, il existe une «collection Rogers» au Hammond Museum of Radio, à Guelph, en Ontario, et Ted est également représenté avec Reginald Fessenden au Guelph Civic Museum dans un bloc spécial d'exposition intitulé «Les beaux jours de la radio». Ted Rogers et la collection de tubes «Héritage de Ted Rogers» étaient représentés dans la section consacrée au panthéon de l'électronique à l'Exposition internationale d'électronique de Toronto, en 1969. Dans le site web de l'Institute of Electrical and Electronics Engineers (Canada), une section spéciale du millénaire a été créée, dont la page des grandes réalisations présente le tube à courant alternatif et un texte d'accompagnement sur Ted Rogers.

Edward S. Rogers père et Velma Rogers ont été parmi les premières personnes à recevoir l'Ordre du mérite de l'Association canadienne des radiodiffuseurs, lors du congrès annuel de l'association en 1982. Cet honneur leur a été décerné en reconnaissance de «leurs œuvres et de leurs contributions exceptionnelles à la radiodiffusion privée et au Canada». Leurs noms ont été gravés sur un tableau spécial aux quartiers généraux de l'ACR à Ottawa. Lorsque la Fondation des communications canadiennes a créé son site Internet, les noms de Ted et Velma Rogers y ont trouvé place parmi les «pionniers des communications» et, à ce titre, une notice biographique préparée en collaboration avec l'Ordre du mérite de l'ACR leur a été consacrée.

Le gouvernement et ses organismes associés ont également reconnu les mérites d'Edward S. Rogers père. En mai 1971, Ted et ses réalisations ont été inclus dans une exposition sur «les grands bâtisseurs ontariens» présentée au nouveau parc d'exposition et d'attractions de la Place de l'Ontario, au bord du lac Ontario, à Toronto. En octobre 1979, E. S. Rogers et ses récepteurs sans piles ont été présentés lors d'un symposium spécial intitulé «Inventions et découvertes canadiennes» parrainé par le Centre des sciences de l'Ontario. Les tubes radio Rogers ont été reproduits sur une affiche spéciale composée à partir d'un collage et intitulée «Les grands moments de la vie ontarienne: fêtons notre bicentenaire.» Une annonce publicitaire des tubes radio Rogers parue vers 1938 montrant le schéma d'un tube accompagné de l'inscription «Le premier tube à courant alternatif fonctionnel» était l'un des éléments de l'affiche produite par le bureau du premier ministre ontarien William Davis en janvier 1984. Le gouvernement ontarien a ajouté à son site web en mai 1999 une section intitulée «Grands moments» qui consacre une page à Ted Rogers père et à la radio sans piles. Le Toronto Historical Board a érigé une plaque commémorative devant le 49, avenue Nanton, la maison où a grandi Edward S. Rogers père, et Postes Canada a émis un timbre en l'honneur d'Edward S. Rogers père, du tube à courant alternatif Rogers et de la radio sans piles Rogers. Ces hommages rendus par sa ville, sa province et son pays témoignent d'un respect bien mérité envers Edward S. Rogers père et ses inventions.

Ted Rogers a fait l'objet de commentaires dans pas moins de 51 articles parus dans des journaux, magazines et livres entre 1941 et 1999. Il a été reconnu dans *L'Encyclopédie du Canada*, retenu parmi «les 100 Canadiens les plus importants de l'histoire» dans un numéro spécial du magazine *Maclean's* et représenté au palmarès des «Grands moments du capitalisme canadien, 1900 – 1999» publié dans le magazine *The Financial Post*. Quand le réseau internet est devenu un véhicule d'information populaire, on a pu trouver huit sites web où il était question de Ted Rogers. En cette époque de puces électroniques et de satellites, l'apport au monde des communications qu'il a eu quelque 75 ans auparavant reste donc assez significatif pour être salué.

Les entreprises Rogers ont continué d'aller de l'avant après la disparition de celui à qui elles devaient leur existence et qui leur avait inspiré leurs plus grandes réalisations. Peu après sa mort, Bert Trestrail le remplaça au conseil d'administration de Rogers-Majestic/ CRC. En février 1941, sur les conseils de son beau-frère Elsworth, Velma se départit de ses actions dans les entreprises commerciales de son regretté mari. La société Rogers-Majestic (1941) Limited, la Canadian Radio Corporation et la station CFRB furent à leur tour vendues à British Rediffusion Inc., une société de communications ayant son siège social à Londres. BRI nomma W. C. Thorton Cran à la présidence de Rogers-Majestic, et Elsworth Rogers quitta l'usine d'appareils radio pour devenir vice-président de CFRB. À ce moment, la station fut séparée de l'entreprise de fabrication de matériel radio et gérée par la nouvelle société Rogers Radio Broadcasting Company. Après la guerre, Rogers-Majestic fut gérée par Philips Electronics Canada, qui produisit des appareils radio, des chaînes stéréophoniques, des téléviseurs et autres appareils sous ce nom jusqu'à la fin de 1964, date à laquelle la marque fut abandonnée.

Ted Rogers fils a, lui aussi, fait carrière dans la radiodiffusion. En 1959, alors qu'il est encore en stage au bureau d'avocats Tory, le jeune Ted, âgé de 26 ans, encouragé et aidé par son beau-père, crée un partenariat avec Joel Aldred, personnage connu des médias canadiens, et l'éditeur de journal John Bassett afin de mettre sur pied la société Baton-Aldred-Rogers Broadcasting. Après plusieurs mois, Baton soumet au ministère fédéral des Communications une demande de licence d'exploitation d'une station de télévision à Toronto. Favorablement impressionné par le trio, le gouvernement accorde une licence au groupe Baton, et CFTO-TV, qui devient la première station de télévision privée à Toronto, diffuse son émission inaugurale le 1er janvier 1961. Le signal est émis d'une énorme tour de 244 mètres à partir de studios situés dans la petite localité d'Agincourt, au nord de Toronto. La prédiction sur les perspectives de la télévision faite par Ted Rogers père dans une entrevue publiée dans le *Toronto Telegram* en juillet 1934 s'est réalisée.

Au cours de l'été de cette même année, Ted fils apprend qu'une station de radio de Toronto est à vendre. Il acquiert donc CHFI-FM le 1er novembre 1960 pour la somme de 85 000 $. C'est sur cet actif qu'il bâtira l'ensemble de son entreprise de communications dans les années subséquentes. CHFI, la première station MF au Canada, avait commencé à émettre en février 1957. À cette époque, la radio en modulation de fréquence est considérée comme une nouveauté, et sa pénétration du marché de la radio est minime, principalement parce que les appareils MF sont volumineux et coûteux. Ted Rogers fils, qui a pris la direction de CHFI alors qu'il était encore étudiant en droit, conclut bientôt avec Westinghouse Canada un contrat de production d'un élégant récepteur stéréophonique MF modèle de table qu'il a conçu lui-même. Chaque appareil porte le logo de CHFI-FM ainsi que l'inscription « 98.1 – Canada's First Station for Fine Music » dans le coin supérieur droit. Pour s'assurer que les auditeurs trouvent facilement CHFI sur la bande de fréquences, un point rouge marque l'emplacement exact de la station sur le cadran de syntonisation. Chaque appareil est donc un mini-panneau publicitaire pour CHFI. Ces récepteurs sont lancés à l'Exposition nationale canadienne de 1961 – le même événement qu'avait utilisé E. S. Rogers père pour lancer le récepteur Rogers sans piles en 1925. Grâce à ces récepteurs radio accessibles et à la haute qualité de la diffusion musicale par la station, la bande MF gagne rapidement en popularité, et CHFI obtient énormément de succès. Ces résultats très encourageants incitent Ted Rogers fils à fonder CHFI-AM en août 1962 pour élargir davantage son auditoire. CHFI-AM diffuse de la musique de qualité MF sur la bande MA afin de faire connaître aux auditeurs « ce qu'ils manquent » sur la bande MF. Pour la première fois dans l'histoire de la radio canadienne, une programmation MF pouvait être captée sur la bande MA. En 1990, cette station est devenue la première station d'information continue au Canada après avoir adopté l'appellation de 680News.

En 1967, Ted Rogers fils reconnaît le potentiel que recèle la télévision par câble et crée Rogers Cable TV, dont le slogan est « Votre regard sur le divertissement ». Rogers Cable TV est la quatrième entreprise de câblodistribution créée à Toronto, et elle est gérée par Rogers Broadcasting, la société mère des stations de radio. En juillet, Ted fils achète Bramalea Telecable Limited de Brampton en

Ontario dont les 300 abonnés sont les premiers à être desservis par Rogers Cable. Il réussit à s'assurer les emplacements privilégiés de East York et du cœur du centre-ville de Toronto pour ses opérations de câblodiffusion et, en juin 1968, Rogers Cable TV prend l'antenne dans la ville même. La compagnie offre dix canaux de télévision ainsi que la possibilité de recevoir par câble la musique diffusée par CHFI et CKEY-AM. En 1971, Rogers devient le premier câblodistributeur à offrir des câblosélecteurs dans la ville de Toronto et, plus tard, le premier à offrir 20 canaux. Rogers Cable TV acquiert d'autres petites entreprises de câblodistribution dans les régions périphériques et réalise, en janvier 1979, une importante percée en devenant actionnaire majoritaire de la société Canadian Cablesystems Limited. Avec ses 470 000 abonnés, celle-ci est la deuxième entreprise de câblodistribution en importance au Canada. En ajoutant les abonnés déjà desservis par Rogers Cable, le nombre total d'abonnés s'élève alors à 700 000. Quelque 17 mois plus tard, la compagnie fait l'acquisition de Premiere Cablevision, de Vancouver, la plus importante société de câblodiffusion au Canada, faisant de Rogers Cablesystems le plus grand fournisseur de service de câble du pays.

En 1983, Ted Rogers devient membre d'un consortium dont le but est de créer une compagnie de radiotéléphone au Canada. Le 1er juillet 1985, le réseau de téléphonie cellulaire Cantel entre en service et, par la suite, les entreprises Rogers en assument la direction. Les consommateurs peuvent désormais s'offrir le luxe de la communication personnelle portable et peuvent converser au téléphone tout en conduisant leur automobile ou en marchant dans la rue. Bientôt, des boutiques Rogers Cantel font leur apparition dans les centres d'affaires partout dans le pays. En 1989, l'entreprise se développe encore en offrant le service de radiomessagerie et, en 1991, elle commence à offrir la transmission de données à grande vitesse. Plus tard, Rogers Cantel s'allie avec American Telephone and Telegraph pour créer la marque Cantel-AT&T.

En 1994, les abonnés de Rogers Cable ont accès au réseau Internet par câble plutôt que par la ligne téléphonique conventionnelle. Ainsi, les abonnés peuvent transférer des données et obtenir de l'information beaucoup plus rapidement qu'avant. D'abord nommée Cable-Link, cette division est ensuite renommée Rogers Wave, puis Rogers@Home. Cette même année, Ted Rogers fait l'acquisition de Maclean Hunter Limited, ajoutant ainsi la publication de magazines et de journaux à son empire de télécommunications pendant qu'il augmente par ailleurs le nombre de ses abonnés aux services de câblodiffusion et de radiomessagerie. Quand arrive la fin de la décennie 1990, British Telecom et AT&T font un investissement commun dans la société Rogers Cantel, et Microsoft investit également dans Rogers Communications et conclut une entente de partenariat avec Rogers Cable afin d'introduire la télévision interactive au Canada.

En partant d'une petite station de radio dont les revenus étaient limités et l'auditoire plus limité encore, Ted Rogers fils a bâti une entreprise de télécommunications d'envergure nationale qui est réputée dans le monde entier pour ses innovations et ses avancées technologiques. La société mère, qui dirige trois sociétés actives chargées de gérer des intérêts commerciaux dans les domaines des médias et du réseau internet, des systèmes de câblodiffusion et des systèmes de communication sans fil, est incorporée sous le nom tout à fait approprié de Rogers Communications.

Ted Rogers est conscient qu'il doit une grande partie de son succès à son père, et il lui rend hommage de bien des façons. Une huile sur toile de 1,2 mètre représentant Edward S. Rogers père et exécutée en 1957 en réponse à une commande occupe depuis ce temps une place d'honneur à la résidence de Ted Rogers, tantôt au-dessus de la cheminée de la salle à manger et tantôt dans la bibliothèque. Vers la fin des années 60, Ted commence à réunir une collection de récepteurs radio sans piles Rogers et Rogers-Majestic. Exposés chez lui et dans le hall d'entrée des diverses entreprises Rogers, ces appareils sont autant de liens qui le rattachent à son père.

En mai 1975, Ted Rogers remet pour la première fois le Prix Ted Rogers père et Velma Rogers Graham à l'occasion du congrès annuel de l'Association canadienne des radiodiffuseurs. Cette distinction a pour but d'honorer des personnes ayant eu un apport exceptionnel, continu et soutenu au système canadien de radiodiffusion, ou ayant rendu des services exceptionnels à la communauté à titre de radio-diffuseurs. Le prix est remis en alternance par l'Association canadienne des radiodiffuseurs et l'Association canadienne de télévision par câble.

De plus, 13 mois après avoir créé cette récompense, Ted Rogers fils institue les «bourses Edward S. "Ted" Rogers père» d'études et de recherche à la Faculté des sciences appliquées et de génie de l'Université de Toronto. Ce fonds permet d'offrir une aide financière à des étudiants diplômés pour réaliser des recherches et des études dans le domaine des télécommunications. Elles sont décernées pour la première fois à l'automne 1988 et, à l'occasion du dixième anniversaire de leur présentation, un certificat est créé pour accompagner les chèques remis aux trois lauréats.

En janvier 1989, Ted Rogers fils établit un autre lien entre le monde de l'éducation et le nom de son père en faisant un don substantiel au Ryerson Polytechnical Institute de Toronto pour apporter des améliorations à la faculté dans le cadre d'une campagne de financement placée sous le signe de l'idéal et de la fierté. Deux ans plus tard, le Rogers Communications Centre ouvre ses portes par une soirée de gala dont le thème est : «La fête du progrès». Cette construction qui a coûté 25 millions de dollars est dédiée à la mémoire d'Edward S. Rogers père. D'une superficie de 10 500 mètres carrés, le bâtiment de trois étages est situé au 80, rue Gould. Il abrite les écoles des arts de la radio et de la télévision, des arts de l'image, des sciences informatiques et de journalisme et peut accueillir 1 500 étudiants. Il abrite également le Conseil de presse de l'Ontario, les studios de la station de radio étudiante CJRT, ainsi que 40 studios de production radiophonique et télévisée.

Le corps professoral et les services de soutien technique s'installent dans le nouvel édifice à l'architecture impressionnante au cours du printemps et de l'été, et le Rogers Communications Centre reçoit ses premiers étudiants en septembre 1992. Depuis, le RCC s'est hissé au premier rang des établissements d'enseignement au Canada pour les diplômes décernés, la recherche et le développement professionnel dans la création des médias électroniques et des communications numériques.

En janvier 1997, le Rogers Centre lance un nouveau projet dont Ted Rogers père aurait été fier. En effet, par une venteuse journée d'hiver, SPIRIT prend l'antenne. Ce nom est un acronyme formé à partir du nom du projet : « Student Produced Internet Radio and Interactive Technology ». La station diffuse sur le réseau Internet, 24 heures sur 24, un contenu de 8 heures repris en boucle continue. SPIRIT offre la plus vaste programmation de toutes les stations Internet des universités canadiennes. Au moment de la création de la station, la radio sur Internet était un phénomène relativement nouveau, un peu comme la télégraphie quelque 80 ans plus tôt. Ainsi, 3BP et SPIRIT ont plus d'un lien commun.

Chaque fois qu'il en a l'occasion, Ted Rogers fils parle de son père avec une profonde admiration. « Il a inventé le tout premier récepteur radio tout électrique sans piles au monde !, commente-t-il avec la ferveur que seul un fils peut avoir envers son père. Il a travaillé avec acharnement pour réussir à rassembler autour de lui des gens qui avaient de bonnes idées, puis à les stimuler. C'était aussi un patriote. Avec son invention, il aurait pu partir pour les États-Unis et devenir beaucoup plus riche, mais il a choisi de rester au Canada et de créer des emplois ici. »

Lors d'un gala qui a eu lieu le 21 juin 1971 – le jour du 71e anniversaire de naissance d'Edward S. Rogers père – la station CHFI-AM était rebaptisée CFTR, pour « Canada's First Ted Rogers ». Sur la pochette d'un disque lancé quelques mois plus tard par CFTR, on pouvait lire :

Chaque fois que nous branchons nos récepteurs dans la prise murale et que nous réglons le cadran d'appel pour entendre la musique d'aujourd'hui, les nouvelles ou les émissions de sport, nous avons toute raison d'être reconnaissants envers le regretté Ted Rogers. Non seulement a-t-il lancé ce genre de programmation au Canada, mais il a aussi rendu les récepteurs radio plus accessibles à tous en inventant le premier tube à courant alternatif au monde. Cette invention a immédiatement rendu désuètes les encombrantes piles qui alimentaient jusque-là les radiorécepteurs, en plus de donner naissance à la première station de radiodiffusion «sans piles» au monde, ici même à Toronto. Comme vous voyez, on ne pouvait pas choisir meilleur jour que ce 21 juin pour permettre au Ted Rogers de CFTR d'honorer la mémoire de son illustre père et de s'engager devant vous, auditeurs, à faire en sorte que le même esprit novateur apparu dans les années 20 se perpétue dans les années 70 à la nouvelle station CFTR.

En décembre 1998, on découvrit que l'édifice situé au 545, boulevard Lakeshore Ouest et qui abritait à ce moment-là les bureaux et les studios de la station de télévision de Rogers Broadcasting CFMT, avait été connu, de 1938 à 1946, sous l'appellation d' «usine de récepteurs radio Rogers n° 2». Ce même édifice a donc vu le père et le fils mener à bien leurs affaires. C'est la dernière usine de récepteurs Rogers qui demeure, car celles du 90, rue Chestnut et du 622, rue Fleet ont été démolies pour faire place à de nouveaux édifices.

L'héritage d'Edward Samuel Rogers père revêt des formes multiples, et on peut en suivre la trace au fil de nombreuses lectures. Chaque fois que quelqu'un allume un poste de radio branché dans une prise murale, il rend par le fait même hommage à Rogers et à son invention. L'entreprise commerciale et familiale qui a été saluée par tous les niveaux de gouvernement et par diverses institutions est collectivement redevable envers un jeune homme combatif mais de bonne famille. Ted Rogers père a suivi son imagination et ses rêves. Il a développé ses talents avec une détermination constante, il a récolté des succès incroyables et il est devenu un entrepreneur de calibre national. Ce faisant, il a révolutionné le divertissement au foyer pour le bien de tous. Ce magicien de la radio qu'a été Edward S. Rogers père demeure une inspiration pour tous les rêveurs qui possèdent le don de concrétiser une idée et peuvent aspirer au succès.

NEW WAY

OLD WAY

The "spray-shield" tube shown at right above, is the latest great radio development. A metal film is blasted right into the glass surface and over the base thus providing the ONLY perfect shield and making it possible to discard the old-type shielding can (shown at left) which permitted of vibration, distortion and over heating. Spray-Shield Tubes afford greatly improved reception, longer life of tubes at no extra cost.

Look at the TUBES in a radio
Insist on "SPRAY-SHIELD" TUBES
found only in
Rogers - Majestic - De Forest Crosley

Sources

Juillet 1913

Toronto Telegram, « Toronto Boys' Wireless Caught Story of Wreck in Ireland »

Décembre 1921

The Toronto Star, « Newmarket Wireless "Talks" to Scotland »

The Toronto Star Weekly, « Wireless Wizard Has Performed Big Feat »

The Newmarket Era, « Wireless Wizard Telegraphs from Newmarket »

Janvier, février 1922

QST, Connecticut, « Transatlantic Tests Succeed! »

Septembre 1922

The Toronto Star, « Newmarket Station Heard in Scotland : Feat of Edward Rogers Has Never Been Duplicated »

Décembre 1923

The Toronto Star, « Local Radio Fan Relays Message to MacMillan's Ship in the Arctic »

The Globe, « Amateur Establishes New Radio Record : Successful in Holding Conversation with England »

Novembre 1925

The Globe, « Develops New Type of Radio Receiver »

Décembre 1925

Radio, « A Romance in Radio : Rogers Batteryless Sets Creates New Standard in Radio Principles and Reception »

Novembre 1926

Radio News of Canada, « The History and Development of Rogers Batteryless Receiving Sets »

Février 1927

The Globe, « Has Directed Building of Batteryless Station »

Mars 1927
   The New York Times, « Station CFRB and E.S. Rogers »
   Radio Trade Builder, « Radio Trade Notes – E. S. Rogers »
Janvier 1928
   The Globe, « To Listen at Sea »
   The Toronto Telegram, « CFRB to Broadcast Midnight Program Sunday for Ted Rogers on Aquitania »
1928
   Who's Who In Canada 1928-29
Octobre 1928
   Radio Trade Builder, « Rogers Batteryless and Majestic Amalgamate for Canada – Rogers, The Inventor »
Août 1928
   The Globe, « Batteryless Set Credit Is Given Young Canadian »
Septembre 1928
   The Globe, « Rogers Is Hailed as Pioneer Inventor of Batteryless Set »
Mars 1929
   Radio Trade Builder, « Standard Radio Corporation Erecting Large Factory »
   The Globe, « Completes Big Deal – E.S. Rogers links CFRB to CBS »
Avril 1929
   « CFRB Toronto, Station and Artists », brochure produite par CFRB
   The Globe, « New Radio Factory Going Up on Fleet Street »
Juin 1929
   The Globe, « Canada's Most Modern Radio Factory Soon to Start Production »
   The Globe, « Rogers' New Radio Plant Is Impressive Gesture of Canadian Enterprise »
Mars 1930
   The Globe, « A Romance of Radioland : E. S. Rogers and His Bride »
Avril 1930
   The Toronto Telegram, « Recently Married : Mr. and Mrs. E. S. Rogers »
Juillet 1930
   The Globe, « The Man Whose Genius Created Batteryless Radio »
   The Globe, « Better and Better Broadcasting Assures Radio of Greater Future While New Receivers Keep Pace »
Novembre 1930
   The Globe, « Batteryless Set Given World by Young Canadian »
   The Globe, « CFRB New Studios Opened in Grand Display »
Juillet 1932
   Radio and Electrical Home Equipment, « E. S. Rogers Elected President of Rogers-Majestic »
Septembre 1932
   The Mail and Empire, « Radio Talks »

Avril 1933

The Globe, « The Giant Voice of the Dominion – New Towers Over Which CFRB's 10,000 Watt Signal Goes Out »

The Toronto Telegram, « New CFRB Masts »

The Toronto Star Weekly, « From a Hobby to a Big Business »

Mai 1933

The Toronto Telegram, « Character from Handwriting – E.S. Rogers »

Novembre 1933

The Globe, « Early Prediction Made by Inventor Finally Realized »

Février 1934

The Globe, « Builders Of Greater Toronto »

Juin 1934

The Toronto Telegram, « News! Hot from the Spot : A Dip into the Future with the Youthful Radio Wizard Whose Early Housetop Aerial Was the Forerunner of a Great House of Wonder »

Septembre 1934

Torontonian Society Blue Book

Février 1934

The Globe, « Pioneer of A-C Set »

Décembre 1935

The Globe, « E. S. Rogers and Rogers Metal Spray Tubes »

Février 1937

CFRB 10th Anniversary Yearbook

Mai 1939

Articles nécrologiques publiés dans tous les journaux de Toronto, ainsi que dans le magazine Variety

Octobre 1941

Canadian Radio Data Book, « Rungs in the Ladder of Radio History »

Septembre 1944

Rogers Ultron Tubes Data Book, « The History of Rogers Electronic Tubes is a Record of Achievement »

Août 1948

Canadian Broadcaster, « 9RB Calling »

Février 1952

CFRB 25th Anniversary Boo

Février 1957

Monumentous Years : The Story of CFRB 1927 – 1957, pochette d'un disque publié par CFRB.

The Toronto Telegram, « The Canadian Who Led the World… CFRB Result of Toronto Man's Genius »

Octobre 1959

« It All Started When Ted Rogers Made Batteries Old Fashioned », annonce publicitaire de Rogers-Majestic

Septembre 1960

Canadian Electronics Workshop, « CFRB : Spanning 33 Years Of Canadian Broadcasting »

Juin 1965

The Toronto Telegram, « In Blackburn's View : Ted Rogers, Sr. and CFRB »

Septembre 1966

« Edward Samuel Rogers' Collection – A Canadian Heritage : The Distinguished Edward Samuel Rogers' Collection of Electronic Tubes », brochure publiée par CHFI-FM

Août 1967

Toronto

Novembre 1967

Ideas in Exile : A History of Canadian Invention

Mai 1968

Inventors : Great Ideas in Canadian Enterprise

From Spark to Space : The Story Of Amateur Radio In Canada

Juillet 1969

Electron, « The Canadian Radio Pioneer : Ted Rogers and the Batteryless Radio »

Octobre 1969

Exposition internationale d'électronique de Toronto : section du Panthéon de l'électronique : collection de tubes « Héritage de Ted Rogers »

Mai 1970

Electron, « More on the Rogers Story »

Mai 1971

« Famous Ontario Achievers », Ontario Place

Août 1971

CFTR : Sounds Familiar, pochette de disque

Janvier 1972

St. James, « Ted Rogers and the Batteryless Radio »

Février 1972

« The Rogers Legacy : It Can Be Done », activités entourant le 15e anniversaire de CHFI

« It Can Be Done : E. S. Ted Rogers 1925, E. S. Ted Rogers, Jr. 1972 », publicité imprimée pour CHFI

Février 1974

« Ted Rogers' Invention », annonce du grand magasin Simpson

Mai 1975

Création du prix « Ted Rogers, Sr./Velma Rogers Graham Award » à l'Association canadienne des radiodiffuseurs

Janvier 1976

The C.A.B. Story 1926 – 1976, Private Broadcasting in Canada

Avril 1976

Création des bourses «Edward S. "Ted" Rogers, Sr. Fellowship in the Faculty of
Applied Science and Engineering» à l'Université de Toronto

Juillet 1976

Colombo, John Robart, *Colombo's Canadian References*

Février 1977

«Rogers. Radio's Pioneering Family», plaque émise par CHFI-FM

Juillet 1977

The Story of CFRB : Sinc, Betty and the Morning Man

Septembre 1977

The Saga of The Vacuum Tube

Septembre 1979

Straight Up : Private Broadcasting in Canada 1918 – 1958

Octobre 1979

«Canadian Inventions and Discoveries», Centre des sciences de l'Ontario

Juin 1982

70 Years of Radio Tubes and Valves

Signing On : The Birth of Radio in Canada

Septembre 1983

Debrett's Illustrated Guide to the Canadian Establishment

Janvier 1984

A Toronto Almanac : In Celebration of Toronto's 150th Anniversary

«Great Moments in Ontario : Celebrating Our Bi-Centennial», affiche

Avril 1984

Rogers Annual Report, 1983, «Building a Home Entertainment Industry»

Janvier 1985

From Coast to Coast : A Personal History of Radio

Juillet 1985

Report on Business, «The High-Wire Act of Ted Rogers»

Janvier 1986

Horizons Canada, «Discoveries and Inventions»

Mai 1987

Connections, «Broadcasting Miracle»

Septembre 1987

Plaque commémorative apposée par le Toronto Historical Board au 49, avenue
Nanton, maison où a grandi ESR père

Mai 1988

L'Encyclopédie canadienne

Septembre 1988

The Collins Dictionary of Canadian History : 1867 – Present

Novembre 1988

Canada : From Sea to Sea

Mai 1990
Junior Encyclopedia of Canada
Septembre 1990
The Toronto Story
Printemps 1992
Rapport
Avril 1992
Musée national des sciences et de la technologie, Ottawa, *Radio Communication in Canada : A Historical and Technological Survey*
Septembre 1992
Canada Firsts : A Salute to Canada and Canadian Achievements
Mai 1993
« Ted Rogers' Radio History », émission à CFRB
Octobre 1993
Too Good to Be True : Toronto in the 1920's
Mars 1994
Maclean's, « King Of The Road »
Octobre 1994
Pathfinders : Canadian Tributes, « Edward Samuel Rogers : Plugging in the World »
Novembre 1994
Toronto Sketches 3 : The Way We Were
Mars 1995
« Connexions », exposition tenue au Musée national des sciences et de la technologie, à Ottawa (présentation du récepteur Rogers sans piles 1925, modèle 100, et carton de présentation d'Edward S. Rogers père)
Septembre 1995
Ted Rogers
Décembre 1995
« Canadian Communications Foundation – C.A.B. Hall of Fame », site Web : rcc.ryerson.ca/schools/rta/ccf
Février 1997
CFRB, « The Ted Woloshyn Show »
Mars 1997
« E. S. Rogers : The Man » et « E. S. Rogers : The Companies », articles parus dans *The Loudspeaker*, bulletin d'information publié par le Ottawa Vintage Radio Club
« E. S. Rogers », site Web de CFRB : cfrb.istar.ca/profiles/pro_esrogers.html
Juillet 1998
Maclean's, « The 100 Most Important Canadians in History »
Août 1998
CKCO-TV, « This Day In History »

Décembre 1998

«Radio Days Gone By: An Exhibit about Early Radio and E. S. Rogers, Sr., the Inventor of the Batteryless Radio», exposition, Elman W. Campbell Museum, Newmarket

Février 1999

«The Rogers Collection», Hammond Museum of Radio, site Web de Guelph: kwarc.org/hammond/rogers.html

Mars 1999

«Rogers Radio Invention», capsule télévisée de CFMT

Avril 1999

Visual Convergence, «The Canadian Contributions to Communications»

Mai 1999

«Radio Days», exposition présentée au Guelph Civic Museum, à Guelph

«Grands moments – La radio sans piles», site Web du gouvernement ontarien: ontario.2000.on.ca/francais/fr_text/greatmoments/scitech/radio.html

Free-for-All: The Struggle for Dominance on the Digital Frontier

Juin 1999

The Financial Post, «Great Moments in Canadian Capitalism 1900 – 1999»

The Canadian Establishment: Volume 3: The Titans

Août 1999

«The Rhythm of History: Musical Memories of the CNE», stand, Exposition nationale canadienne

Toronto Life, «Urban Decoder»

Mount Pleasant Cemetery: An Illustrated Guide

Septembre 1999

«The Rogers Collection», exposition des récepteurs Rogers sans piles au Hammond Museum of Radio, à Guelph

Octobre 1999

Forum (journal de la Ryerson Polytechnic University), «New Stamp to Honour Rogers Centre Namesake»

Newmarket Era-Banner, «Celebrate 2000: A Look at the Community's Past, Present and Future»

Réseau CBC Television, «Life and Times» – «Ambition: The Life and Times of Ted Rogers»

Broadcast Dialogue, «Interactive TV Means the Best Is Yet to Come!», par Ted Rogers fils

Décembre 1999

«Achievements – Alternating Current Tube», Institute of Electronics and Electronic Engineers, site Web: ieee.ca/millennium

Tube à courant alternatif Rogers, modèle 32

INDEX